Hans-Joachim Höhn

# Fremde Heimat Kirche

Hans-Joachim Höhn

# Fremde Heimat Kirche

## Glauben in der Welt von heute

HERDER

FREIBURG · BASEL · WIEN

**MIX**
Papier aus verantwor-
tungsvollen Quellen
**FSC® C106847**

FSC
www.fsc.org

© Verlag Herder GmbH, Freiburg im Breisgau 2012
Alle Rechte vorbehalten
www.herder.de

Satz: Barbara Herrmann, Freiburg
Herstellung: fgb · freiburger graphische betriebe
www.fgb.de

Printed in Germany

ISBN 978-3-451-30540-5

# Inhalt

# Vorwort

KRISEN HABEN KONJUNKTUR — und Bücher über Krisen auch. Ein Buch über die Kirche wird darum ein Buch über ihre Krise sein müssen. Ob es deswegen mit Enthüllungen und Entlarvungen aufwarten und der kirchlichen Skandalchronik ein weiteres Kapitel hinzufügen muss, um Aufmerksamkeit zu finden, ist eine andere Frage. Auch die Umstände der Entstehung des vorliegenden Buches sind die Krisen und Konflikte (in) der katholischen Kirche, deren Überwindung nicht absehbar ist. Aber es geht nicht noch einmal um die wiederholte Aufzählung der einzelnen Problemfälle. Es geht vielmehr um folgende Fragen, die immer wieder auftauchen: Woher können Christen, die in und mit der Kirche zum Glauben gekommen sind, jene Frustrationsresistenz beziehen, um allen Widrigkeiten zum Trotz in und mit der Kirche ihr Christsein praktizieren zu können? Was an und in der Kirche ist es überhaupt noch wert, dass man dafür Zeit und Energie investiert? Angesichts der faktischen Verweigerung weitreichender Kirchenreformen besinnt sich dieses Buch theologisch auf die Notwendigkeit, sich widerständig auf die Zerreißproben einzulassen, die sich daraus ergeben.

In Zeiten der Krise schlägt entweder die Stunde der Untergangsbeschwörer oder der Beschwichtiger. Gegen beide Versuchungen wird im Folgenden auf eine nüchterne Einschätzung der Faktenlage und auf eine ebenso nüchterne Betrachtung der Zukunftschancen gesetzt. Diese Nüchternheit soll sich allerdings nicht in einer temperamentlosen akademischen Abhandlung spiegeln. Mir geht es um ein entschiedenes Plädoyer für eine Fortsetzung der vom II. Vatikanischen Konzil angestoßenen

Prozesse – vor allem hinsichtlich der Beziehungen zwischen Kirche und Gesellschaft.

Wenn sich die Kirche nach außen wie nach innen für Reformen öffnet, muss sie mit der Möglichkeit rechnen, dass die Zahl jener, die sie durch ihre offenen Türen verlassen, größer ist als die Zahl jener, die sie betreten. Wenn sich die Kirche aber nicht öffnet, findet sie sich mit der Realität ab, dass die Zahl jener, die außerhalb ihrer verschlossenen Türen leben, größer bleibt als die Zahl jener, die sie innerhalb ihrer Mauern antrifft. Wofür sich die Kirche entscheiden soll, ist derzeit Thema eines erbitterten Richtungsstreites. Wie dieser Streit ausgeht, steht keineswegs fest. Dass er jemals an ein Ende kommen kann, wenn die Kirche darum ringt, was es heute heißt, gelegen oder ungelegen die Sache Jesu zu vertreten, ist nicht zu erwarten. Ein Abbruch dieses „Kirchenstreits" ist auch gar nicht wünschenswert. Schlimm wäre es, wenn man dabei nur auf der Stelle treten würde. Aber noch schlimmer wäre es, wenn sich jene Kräfte durchsetzen könnten, die mit der Androhung von Sanktionen für Kritiker oder mit der Durchsetzung von Denkverboten ein friedliches Streitgespräch über den weiteren Weg der Kirche verhindern wollen.

Mit solchen kirchlichen Streit- und Zeitfragen hat dieses Buch zu tun. Es erörtert, was für die Kirche *in* dieser Zeit *an* der Zeit ist. Allerdings wird man fast jedes der üblichen strittigen Kirchenthemen vermissen: Pflichtzölibat, Sexualmoral, Demokratiedefizit, Diskriminierung von wiederverheiratet Geschiedenen, Zugang von Frauen zu geistlichen Ämtern, Stillstand in der Ökumene etc. Diese Fehlanzeige ist nicht zu verstehen als Geringschätzung all jener, die sich für eine Lösung dieser Streitfragen einsetzen. Sie hat vielmehr mit den Reaktionen auf ihre Vorschläge und Forderungen zu tun. Die Kritiker entsprechender Reformvorhaben sind überzeugt, dass diese vergeblich sind. Ihre Diagnose lautet: Es gibt viel eher einen

Gläubigen- als einen Priestermangel; bedrängender als jede Kirchenkrise ist die „Gotteskrise" der Moderne; nachhaltiger als der Mangel an Innovationen wirkt sich der Traditionsverlust des Glaubens aus; die Anpassung an die Welt macht die Kirche nicht attraktiv, sondern konturenlos; Kritik an der Kirche verschärft die Risse und Spaltungen, denen sie ohnehin schon ausgesetzt ist; den Reformern fehlt theologische Tiefe, sie sind einem soziologischen Horizontalismus erlegen etc. Diese Einwände werden ständig mit einem beträchtlichen publizistischen Aufwand wiederholt und zeigen bereits in kirchlichen Führungsetagen Wirkung. Auch wenn man diese Einwände für Elemente eines Ablenkungsmanövers hält, ist das Körnchen Wahrheit zu beachten, das in ihnen steckt. Dass man Kritikern Recht geben muss, wo sie unstrittig Recht haben, sollte – gleichermaßen für Reformwillige wie für Reformverweigerer – selbstverständlich sein.

Vielleicht stimmen beide Seiten auch dem im Folgenden ausgearbeiteten Vorschlag zu, gemeinsam jenen Gründen nachzugehen, inwiefern die Kirche trotz ihrer Selbstblockaden und hausgemachten Probleme auch für säkulare Zeitgenossen noch interessant sein kann. Für diese Gründe Interesse zu wecken ist ein Zentralmotiv dieses Buches. Es führt zu den Schnittstellen von Säkularität und Religiosität in modernen Gesellschaften. An diesen Schnittstellen entscheidet sich nach meiner Überzeugung die gesellschaftliche Zukunft der Kirche. Die Kirche muss auf evangeliumsgemäße Weise den Erfordernissen der Zeit entsprechen. Aus diesem Grund muss sie nach zeitgemäßen Aktions- und Sozialformen suchen, in denen das Evangelium gesellschaftlich antreffbar wird. Darum geht es auf den folgenden Seiten. Aus welchen Gründen sollte in Zeiten der Krise sonst ein Buch über die Kirche geschrieben und gelesen werden?

Köln im Herbst 2011                    Hans-Joachim Höhn

# 1. Problemskizze:
## Fremde Heimat Kirche

ES GEHÖRT ZU den Ritualen von Prominenteninterviews, dass bei der Gretchenfrage „Wie hältst Du's mit der Religion?" eine gewisse Offenheit für diverse Transzendenzvorstellungen geäußert wird – und man sogleich beteuert, kein Kirchenchrist zu sein. Sollten tatsächlich biografische Indizien für eine Konfessionszugehörigkeit ausgemacht werden, so werden sie in der Regel einer fernen Vergangenheit zugewiesen. Es ist schon so lange her, dass es fast nicht mehr wahr ist! Ausnahmen gibt es gleichwohl. Einige Zeitgenossen, die heute zu den Großen im Showgeschäft oder im politischen Establishment zählen, können auch ganz unverkrampft auf eine kirchliche Phase in ihrer Biografie verweisen. In Talkshows lassen sie sich bereitwillig das Geständnis entlocken, dass sie für eine Weile Ministranten waren oder in Jugendchören ihre musische Begabung erproben konnten. Die Kirche war für sie durchaus ein Ort, an dem sie sich heimisch fühlten und Wurzeln schlagen konnten. Aber mit der Zeit sind sie über diese Herkunft (und dabei auch über sich selbst) hinausgewachsen. Sie sind andere Wege gegangen und haben andernorts neue religiöse Bekanntschaften gemacht. Im Rückblick fällt ihr Urteil über die Kirche bisweilen bemerkenswert milde aus, wenngleich diese Milde stets auch einen Schuss Ironie enthält: Obligatorisch war die heimliche Messweinprobe in der Sakristei. Wurde das Weihrauchfass geschwenkt, sind dabei nicht nur fromme Gedanken geweckt worden. Man hat einiges gelernt, das später in ganz anderen Feldern wichtig wurde: ein Gespür für Ästhetik und Inszenierungen, Mut zum öffentlichen Auftreten. Manche Prominente geben zu, dass sie dieser Zeit auch eine eiserne Ration an moralischen Überzeugungen oder existenziellen Gewissheiten verdanken. Eine dauerhafte und intensive Kirchenbindung besteht jedoch oft nicht mehr. Die Kirche ist für sie eine Größe, deren man sich eigens erinnern muss. Über sie wird nicht in der Zeitform der Gegenwart, sondern der Vergangenheit gesprochen.

In der Zeitform der Vergangenheit wollen auch die erklärten Kritiker über die Kirche reden. In ihren Augen ist die Kirche selbst daran schuld, dass sich ihre Zukunft bereits in der Vergangenheit erledigt hat (weshalb eigentlich in der Zeitform des Plusquamperfekt über sie zu sprechen wäre). Ihre Zeit ist vorbei, weil sie als Institution des christlichen Glaubens längst allen Kredit verspielt hat. Zu oft hat sie den Menschen Steine statt Brot gegeben. Zu oft war sie ängstlich vor den Unterdrückern, schweigend vor den Ausbeutern, verschlossen vor den Zweifelnden, erbarmungslos gegenüber den Gestrauchelten.

Größer kann der Kontrast nicht sein gegenüber dem, was die Kirche ihrem Namen und Anspruch nach sein könnte: jener Ort, an dem Gott zur Sprache kommt und das Wort Gottes (Evangelium) in der Gemeinschaft der Glaubenden mutig und kreativ praktiziert wird: aufbegehrend für die Unterdrückten, einladend für die Ausgestoßenen, suchend nach den Ratlosen, barmherzig mit den Sündern. Ihr Ort ist bei den Menschen. Was diese von ihr zu erwarten haben, ist Solidarität – in den Worten des II. Vatikanischen Konzils: „Freude und Hoffnung, Trauer und Angst der Menschen von heute, besonders der Armen und Bedrängten aller Art, sind auch Freude und Hoffnung, Trauer und Angst der Jünger Christi."[1]

Weil die Kirche in ihrer Geschichte aber zahllose Scheußlichkeiten begangen hat, traut man ihr heute jede Scheußlichkeit zu. Zum Beweis ist es nicht nötig, die Bücher zur „Krimi-

---

[1] Vaticanum II, Pastoralkonstitution „Gaudium et spes", nr. 1.

nalgeschichte" des Christentums aufzuschlagen. Es genügen die Zeitungen vom Tage, um stets auf's Neue zu lesen, dass die Kirche einen enormen Ansehensverlust erleidet – vor allem bei den Armen, Trauernden und Bedrängten.

## Provozierende Kirche

Die Kirche steht häufiger in den Schlagzeilen als das Evangelium. Das muss nicht weiter schlimm sein, wenn der Zweck solcher Publicity wäre, das Evangelium in die Öffentlichkeit zu bringen. Die theologische Bestimmung der Kirche besteht ja gerade darin, dass sie Ort und Ereignis der Veröffentlichung der „Sache Gottes mit den Menschen" ist. Hier geht es darum, wie Gott und Mensch gemeinsame Sache machen können. Sache der Kirche ist es, sich der Erwartungen der Menschen an ein sinnvolles Leben in einer vom Evangelium geprägten Lebenskultur anzunehmen. Sie schreibt dabei jene Geschichte fort, die im Evangelium erzählt wird, wie Gott sich der Nöte und Hoffnungen der Menschen annimmt. Mit dieser Geschichte soll die Kirche Geschichte machen – und zwar auf durchaus provokante Weise. Das Evangelium erzählt keinen geschichtslosen Mythos und entwirft auch nicht ein bloß weltjenseitiges Heilsideal. Es ist vielmehr Konsequenz eines Geschehens, in dem der Heilswille Gottes im Widerstreit von Leben und Tod, von Freiheit und Unterdrückung, von Macht und Ohnmacht erfahrbar geworden ist. Gott hat es im Leben und Sterben Jesu von Nazaret mit dem Tod aufgenommen, um das tödliche Verhältnis von Leben und Tod zugunsten des Lebens zu verändern (vgl. Joh 10,10). Als Konsequenz dieses Geschehens jenseits frommer Innerlichkeit und diesseits weltflüchtiger Jenseitigkeit ist das Evangelium selbst wiederum folgenreich – auch in jenen Feldern, die scheinbar abseits des Religiösen liegen.

Für die Praxis des christlichen Glaubens sind darum zwei Grundmotive leitend, die das Christentum von Grund auf und im Ganzen bestimmen: Politik und Mystik, Aktion und Kontemplation. Der politische Einsatz für Gerechtigkeit, Freiheit und Frieden sowie das Bemühen, die eigene Existenz in Gott zu verwurzeln, sind hier keine Alternative. Beides bedingt sich vielmehr wechselseitig. In eben diese Richtung weist auch das II. Vatikanische Konzil, wenn es die Kirche als „Zeichen und Werkzeug für die innigste Vereinigung mit Gott wie für die Einheit der ganzen Menschheit"[2] bestimmt.

Nicht immer ist die Herausforderung dieser mystisch-politischen Doppelstruktur der Kirche unmissverständlich und klar wahrnehmbar. Meistens provoziert die Kirche genau dann die Aufmerksamkeit der Medien, wenn sie nach dem Urteil ihrer Beobachter gegen die Grundwerte des Evangeliums verstößt. Im „Jubeljahr 2000" hatten Kirchenkritiker reichlich Gelegenheit, die kirchliche Skandalchronik wieder aufzublättern. Sie reicht von Judenverfolgungen, Kreuzzügen, Inquisition und Hexenverbrennungen über die Verquickung mit Kolonialismus und Imperialismus bis hin zur Verstrickung mit faschistischen Regimes. Mit der Aufdeckung zahlreicher Fälle sexuellen Missbrauches durch Priester und Ordensleute im Jahre 2010 erreichte das Ansehen der Kirche einen Tiefpunkt. Die schleppende Aufarbeitung dieses Skandals hat die Situation anfangs sogar weiter verschlimmert. Inzwischen ist mit Entschiedenheit begonnen worden, Unrecht aufzuarbeiten und Präventionsmaßnahmen einzuleiten. Der Vorsatz, auch andere Missstände in der Kirche durch einschneidende Reformen zu überwinden, wurde jedoch nur halbherzig umgesetzt. Verlorenes Vertrauen wurde nicht zu-

---

[2] Vaticanum II, Dogmatische Konstitution über die Kirche „Lumen Gentium", nr. 1.

rückgewonnen. Ein im Frühjahr 2011 von mehr als 200 deutschen Theologinnen und Theologen unterzeichnetes Memorandum, das einen Abbau des Reformstaus anmahnte (u. a. Lockerung des Pflichtzölibates, Priesterweihe für „viri probati", Stärkung synodaler Strukturen und der Beteiligung der „Laien" an Entscheidungsprozessen, Zugang von Frauen zu kirchlichen Ämtern, veränderter Umgang mit wiederverheirateten Geschiedenen), hat ein zwiespältiges Echo gefunden. Die Kritik reichte von gelangweilten Feststellungen, dass das Papier nichts Neues enthalte und resignativer Ausdruck professoraler Ohnmacht sei, bis hin zu frömmelnden Verunglimpfungen der Unterzeichner. Es gab Aufrufe zu „Gebetsstürmen", auf dass der Heilige Geist sie wieder zur Umkehr bewege. Offen legte man ihnen auch den Übertritt zur evangelischen Kirche nahe. Dort seien sämtliche ihrer Forderungen erfüllt. Gleichwohl stünde sie nicht besser da und somit sei die Sinnlosigkeit der Reformwünsche bereits empirisch erwiesen. Wurden zuvor unbequeme Reformpapiere zu Tode gelobt, machen sich ihre Kritiker nunmehr über sie lustig. Kirchenreform – ein Projekt zum Totlachen? Einige Bischöfe vermissten in dem Memorandum ein „sentire cum ecclesia". Aber wieso schließt ein „Mitfühlen mit der Kirche" jedes Mitgefühl mit den Menschen aus, die unter den Missständen in der Kirche leiden? Warum soll nur ein schweigendes Mitfühlen mit den Leidtragenden erlaubt sein? Ein solches Schweigen führt in die Komplizenschaft mit jenen Kräften, denen an Vertuschung und Verschleierung gelegen ist. Gilt nicht, dass die Wahrheit den Menschen frei macht und dass nur in Freiheit die Wahrheit eine Chance hat?

Immer wieder liefert die Kirche einen neuen Grund für den Vorwurf, dass sie sowohl gegenüber dem Freiheitsbewusstsein der Moderne als auch gegenüber den Grundwerten des Evangeliums im Verhältnis einer unproduktiven Ungleichzeitigkeit verharrt. Ist dies die Weise, wie die Gesellschaft mit dem Evangelium provoziert werden soll? Gibt die Kirche damit nicht häufiger Anlass zum Ärgernis als Anstoß zum Umdenken? Ist der Umstand, dass Frauen in der Kirche nicht wenigstens so viel an Gleichheit und Verantwortung haben, wie es ihnen in der Gesellschaft das Grundgesetz garantiert, nicht ein signifikantes Indiz für eine kulturelle Rückständigkeit der Kirche? Und sind nicht die regelmäßig wiederkehrenden Versuche, in Fragen der Sexualmoral neben dem persönlichen Gewissen eine weitere normative Instanz zu etablieren, Ausdruck eines tiefsitzenden Ressentiments gegen den Grundsatz der Gewissensfreiheit?

## Christen im Zwiespalt

Für viele Zeitgenossen ist das Christentum als einstige „Leitreligion" Europas zu einer Größe geworden, mit der sie fremdeln. Dies gilt erst recht für ihr Verhältnis zur Kirche als Sozialform und Institution des Christseins.[3] In ihren Augen ist deren Zeit schon lange abgelaufen. Sie gehöre eigentlich in die Museen der Kulturgeschichte. Jene Christen, die allen Skandalen und Verfehlungen zum Trotz der Kirche noch die Treue halten, müssen sich in ihren Augen wie Angehörige einer Minderheit vorkommen, „die als Fremde in der Zerstreuung leben" (1 Petr 1,1)?

Gegen Vereinzelung und Vereinsamung werden das Zusammenrücken der Verbliebenen und der enge Schulterschluss empfohlen. Ein Bild der Geschlossenheit soll dem Zerrbild der

---

[3] Dass dies nicht nur für die katholische Kirche zutrifft, zeigt die Mitgliederumfrage in der EKD: Fremde Heimat Kirche. Ansichten ihrer Mitglieder, Hannover 1993.

Kritik entgegengesetzt werden. Nicht Hohn und Spott verdient die Kirche – schon gar nicht aus ihren eigenen Reihen. Reformanliegen dürfen – wenn überhaupt – diskret und als bittendes Ersuchen an die Bischöfe adressiert werden, sollen aber nicht mit medialer Unterstützung als Forderung oder einklagbares Recht verlautbart werden. Dies hat ja den Effekt, dass in der Öffentlichkeit das Negativimage der Kirche als einer modernisierungsunwilligen Institution permanent bestätigt und bekräftigt wird. Man will aber in der Öffentlichkeit ein anderes Bild abgeben. Solidaritätskomitees konstituieren sich und sammeln Unterschriften unter Resolutionen, in denen von Liebe zur Kirche und von Treue zu ihren Oberhirten die Rede ist. Aber vielen Christen geht es mit der Kirche wie dem früheren Bundespräsidenten Gustav Heinemann mit seinem Vaterland. Angesprochen auf die seinerzeit als politische Tugend vermisste Liebe zu Vaterland und Staat pflegte er zu antworten: „Ich liebe nicht den Staat, sondern meine Frau!" Bei einem schwierigen Vaterland, wie es Deutschland ist, wäre ein allzu inniges Verhältnis auch nicht angebracht. Und wie steht es mit „Mutter Kirche" (und ihren Söhnen)? Auch hier machen es etliche Beziehungsprobleme fraglich, ob auf Dauer eine intensive emotionale Bindung bestehen bleiben kann.

Beziehungsprobleme werden heute vielfach dadurch überwunden, dass man nicht die Probleme, sondern die Beziehung löst: Man geht sich aus dem Weg, man trennt sich, man verliert sich aus den Augen. Vielen Christen geht es ähnlich mit ihrer Beziehung zur Kirche. Am Anfang reibt man sich noch an den Missständen in der Kirche, am Umgang mit wiederverheirateten Geschiedenen, am Ausschluss der Frauen vom Priesteramt. Am Anfang kann man sich noch aufregen über eine ins Stocken gebrachte Ökumene oder über eine fortpflanzungsfixierte Sexualmoral. Am Anfang kann man sich noch entrüsten über Skandalschlagzeilen in der Presse, über Maßregelungen unbe-

quemer Theologen und Gängelungen selbstbewusster „Laien".
Aber mit der Zeit wird der Wellenschlag der Aufregung gerin-
ger. Mit der Zeit hat man die Einflüsterungen der Kirchenkritiker im Ohr: „Hast Du etwas anderes erwartet von einer Institution, die nur auf Machterhalt und Gedankenkontrolle
ausgerichtet ist? Hast Du wirklich geglaubt, man könne die
Kirche erneuern – an Haupt und Gliedern? Hast Du gedacht,
es könnte endlich ein Ruck durch die Kirche gehen, der ihren
Reformstau auflöst?" Mit der Zeit wird aus Empörung ein
stummes Achselzucken. Übrig bleibt ein melancholisches Seufzen: „Ach ja, die Kirche …"

## „Kirchenseufzer"

Das Seufzen muss aber nicht immer ein Akt der resignativen
Melancholie sein. Es hat eine viel größere Bedeutungsvielfalt.
Das Seufzen gehört sogar zu den variantenreichsten mensch-
lichen Lauten. Es kann ein Ausdruck der Entlastung, aber
auch der Belastung sein. Es kann einen kommenden und einen
nachlassenden Schmerz andeuten. Es kann einen Anlass in der
Vergangenheit und in der Zukunft haben. Es kann Zeichen
weiser Gelassenheit und mühsam gebremster Ungeduld sein.
Das Seufzen ist eine Umgangsform mit den Misslichkeiten des
Lebens; es ist angebracht, wenn es anders kommt als gedacht
oder erhofft. Das Seufzen gehört in den Alltag und in die große
Literatur. Der berühmteste Seufzer steht in Goethes „Faust"
und ist dort nicht zuletzt auf die Theologie gemünzt („Habe
nun, ach …"). Der bedeutendste Kirchenseufzer des 20. Jahrhunderts stammt von dem französischen Theologen Alfred
Loisy. Im November 1902 erscheint sein Buch „Evangelium
und Kirche" und nach wenig mehr als hundert Seiten findet
sich der Satz: „Jesus verkündete die Ankunft des Reiches Got-

tes, und gekommen ist die Kirche!"[4] Viele Leser haben diesen Satz kirchenkritisch und als Seufzer der Enttäuschung aufgefasst: Die Kirche ist das Überbleibsel einer getrogenen Hoffnung – eine verunglückte Gestalt dessen, was Jesus eigentlich wollte. Bestenfalls ist die Kirche eine Notlösung – geboren aus der Not, dass das von Jesus verkündete Reich Gottes ausblieb. Die Kirche ist das Resultat einer Enttäuschungsverarbeitung, sie ist die Konsequenz einer Weigerung der Jünger, sich mit dem Scheitern Jesu abzufinden; sie ist eine Ersatzlösung, ein Lückenbüßer für etwas Größeres und Besseres. In dieser Lesart ist A. Loisys Satz ein berühmt-berüchtigter Zitatlieferant für alle Kirchenkritiker geworden. Allerdings steht diese Lesart der Intention Loisys selbst entgegen; dessen Folgesatz lautet nämlich: „Die Kirche ist das fortgesetzte Evangelium, die Entwicklung des Christentums ist dem Evangelium weder äußerlich noch fremd!"

Offensichtlich gibt es (weniger für die Kirchenkritiker als für Loisy) doch ein Kontinuum zwischen der Verkündigung Jesu und der Existenz der Kirche. Die Daseinsberechtigung der Kirche muss sich an diesem Kontinuum erweisen. Und jede Kritik an der Kirche muss sich ebenso wie jede Gegenkritik an diesem Kontinuum theologisch ausweisen. Eine theologische Rechtfertigung der Kirche wird dann nicht zu einem ideologischen Überbau, wenn sie sich um dieses Kontinuum des Kircheseins bemüht. Hierbei geht es um mehr und anderes als um die Frage, ob es auf einzelne „kirchenstiftende" Handlungen des historischen Jesus zurückgeführt werden kann. Gesucht wird auch nicht eine Kontinuität zwischen heutigen Strukturen in der Kirche und entsprechenden institutionellen Vorkehrungen,

---

[4] A. Loisy, Evangelium und Kirche (1902), München 1904, 110. Vgl. auch die kommentierte Neuausgabe dieses Textes von C.-F. Geyer (Hg.), Wahrheit und Absolutheit des Christentums, Göttingen 2010.

die der historische Jesus getroffen haben könnte. Ein solcher Aufweis ist historisch-kritisch kaum zu führen, wenn unter „Stiftung" situativ ausgrenzbare, punktuelle Akte verstanden werden, mit denen Jesus verfügt hat, wie seine Botschaft vom Reich Gottes weitergegeben werden soll. An Päpste, Bischöfe und Konzilien hat er dabei gewiss nicht gedacht. Aussichtsreicher ist es – und zwar in historischer wie in theologischer Perspektive –, von einer „Grund-Legung" zu sprechen, mit der für diese Weitergabe ein Anfang gemacht und etwas in Bewegung gesetzt wird, das von Dauer ist. Mit dieser Grundlegung werden Voraussetzungen geschaffen, wodurch die Verkündigung des Evangeliums in Gang kommt und sich einen Weg durch Zeit und Raum bahnt.

Wichtiger als eine formale Kontinuität von Strukturen und Institutionen ist ohnehin die Identität der Sache Jesu und der Sache der Kirche. Das Medium dieser Kontinuität ist das Evangelium selbst. Es erzählt von den „Kirchenträumen Gottes"[5]. Das Evangelium ist das Zeugnis von „Gottes Volksbegehren"[6]. Es handelt davon, wie Gott Menschen aufsucht, um sie zu einer Form des Zusammenlebens anzustiften, die menschliches Miteinander nicht als funktionales Zweckbündnis oder hierarchisch angelegte Organisation begreift und soziale Zugehörigkeiten nicht von zu erbringenden Leistungen oder Beitragszahlungen abhängig macht. Hier geht es um ein Miteinander, das nicht aus menschlicher Initiative herrührt (und daher von Menschen aufgekündigt werden könnte), sondern aus dem Heilswillen Gottes hervorgeht, der von unbedingter Anerkennung und Solidarität auch mit den Nichtskönnern und Habenichtsen bestimmt ist. Die Kirche ist eine Form menschlichen

---

[5] Vgl. N. LOHFINK, Kirchenträume. Reden gegen den Trend, Freiburg/Basel/Wien [4]1984.

[6] Vgl. G. LOHFINK, Gottes Volksbegehren. Biblische Herausforderungen, München/Zürich/Wien 1998.

Miteinanders, die sich von anderen Institutionen und Organisationen *grund*legend unterscheidet, d. h. sie hat einen anderen Grund als die übrigen Formen menschlichen Miteinanders. Sie ist gegründet im Entgegenkommen und Zuvorkommen Gottes und nicht allein im Zusammenkommen von Menschen. Insofern ist sie tatsächlich ganz in der Welt, ohne gänzlich von dieser Welt zu sein. Das Fundament der Kirche ist die unbedingte Zuwendung Gottes zum Menschen. In einer Zeit „betriebsbedingter" Kündigungen bezeugt die Kirche die unverbrüchliche Treue Gottes zu seiner Schöpfung. In einer Welt, in der soziale Zugehörigkeiten durch Leistung verdient und mit Aufnahmegebühren bezahlt werden, bezeugt die Kirche eine Gotteszugehörigkeit des Menschen, die es gratis gibt. Sie ist darum kein Betrieb, der Gewinn machen muss, sondern hat den Status eines Non-Profit-Unternehmens. Sie besteht in einer Marktgesellschaft darauf, dass man nicht alle Güter und Werte zu Markte tragen darf und dass nicht allein Markt- oder Umfragewerte regieren.

Eine solche Gemeinschaftsvorstellung wirkt heute wie ein weltfremdes Idyll. Und die Sprache des Evangeliums, die von diesem Idyll erzählt, gilt vielen Zeitgenossen bereits als eine Fremdsprache. Für die Suche Gottes nach Menschen, die mit ihm gemeinsame Sache machen wollen, finden sich immer seltener die passenden Worte. Dabei wünschen sich viele Menschen nichts sehnlicher, als in einer Welt der befristeten und jederzeit kündbaren Beziehungen eine stabile und unkündbare soziale Zugehörigkeit ausbilden zu können, die Krisen aushält und durch Konflikte hindurchführt. Nichts ist notwendiger in einer Zeit, die alle sozialen Netze mit immer gröberen Maschen versieht, als die Erfahrung eines beständigen Rückhalts und solidarischen Aufgefangenwerdens. Aber leider ist die Kirche(ngemeinde), die ein Ort solcher Erfahrungen sein könnte, längst in den Mahlstrom dieser Zeit geraten. Im Flugsand der

Individualisierung des sozialen Lebens kann auch sie nicht mehr lange Stand halten. Ein Raum der Beheimatung, ein Ort an dem man seine Bleibe hat – für wen und wie lange kann die Kirche das sein?

## Beheimatung und Entfremdung

Wer über den Ort und die Bedeutung der Kirche in der modernen Gesellschaft nachdenkt, hat mit dem merkwürdigen Befund zu tun, dass hier zusammenzudenken ist, was auseinanderstrebt: Beheimatung und Entfremdung. Gleichwohl führt dieses Denken nicht in einen Selbstwiderspruch. Man kann die Gegenbegriffe „Fremde" und „Heimat" in unterschiedlichen Arrangements mit dem Begriff „Kirche" verbinden, ohne dabei in Widersprüche zu geraten. Deutlich wird dabei vielmehr der Zwiespalt, der die aktuelle Lage der Kirche an Haupt und Gliedern kennzeichnet: Entfremdung und Beheimatung.

● „Fremde Heimat Kirche" kann bedeuten, dass die religiöse Herkunft einem Menschen mit der Zeit fremd wird, weil er/sie schon lange nicht mehr an jenem Ort lebt, von dem er/sie herkommt. „Heimat" ist eine Bestimmungsmöglichkeit des eigenen Herkommens, aber auch eine Entfernungsangabe. Der Herkunftsort ist nicht identisch mit dem aktuellen Aufenthaltsort; man hat sich von ihm entfernt, andernorts ein neues Zuhause gefunden. Und wenn man gelegentlich besuchsweise in die alte Heimat zurückkehrt, wird jeweils klar, wie groß der Abstand zwischen „damals" und „heute" geworden ist. Mit den alten Freunden verbinden nur noch alte Geschichten. Neue sind nicht mehr hinzugekommen. Die allein noch mögliche Perspektive auf Gemeinsamkeiten ist die Rückschau.

- „Fremde Heimat Kirche" kann bedeuten, dass die religiöse Herkunft nur noch vom Hörensagen bekannt ist, – vergleichbar mit der zweiten und dritten Generation von Gastarbeitern, Asylanten, Flüchtlingen und Spätaussiedlern. Auch sie kennen jene Ursprünge und Traditionen, die hintergründig ihr Leben mitbestimmen, nicht mehr aus eigenem Erleben. Es bedarf eines „Fremdenführers", der ihnen ihr kulturelles Erbe wieder bewusst macht. Ob sie ihr religiöses Erbe bewusst annehmen, bleibt lange Zeit unklar oder wird von ihnen offen gelassen. Wie jedes Erbe kann es Mitgift oder Hypothek sein.

- „Fremde Heimat Kirche" kann bedeuten, dass die Kirche eine Zufluchtsstätte für jene geworden ist, die mit der modernen Welt nicht mehr mitkommen, die sich abgehängt fühlen vom Fortschritt und sich als Modernisierungsverlierer betrachten. Von der Kirche erwarten sich diejenigen Rückhalt und Verständnis, die die Welt nicht mehr verstehen. Die Kirche wird hier zum Rückzugsraum für Menschen, die mit der Moderne fremdeln und die nostalgische Sehnsucht nach besseren alten Zeiten pflegen.

- „Fremde Heimat Kirche" kann bedeuten, dass Menschen auf der Suche nach einer neuen spirituellen „Niederlassung" sich schwer tun mit der Akzeptanz jener kirchenrechtlichen Normen und dogmatischen Bedingungen, an welche die Kirche die Teilhabe an ihrem religiösen Leben knüpft. Vieles mag Unbehagen und Befremden auslösen; an vieles typisch Katholische wird sich jemand, der aus der säkularen Welt kommt und in der Kirche eine neue religiöse Heimat finden will, vielleicht nie gewöhnen können.

- „Fremde Heimat Kirche" kann bedeuten, dass die Kirche Menschen verliert, weil sie pastoral verprellt werden, weil sie sich als wiederverheiratet Geschiedene kirchenrechtlich ausgegrenzt vorkommen, weil sie sich moralisch gegängelt fühlen oder weil sie spirituell obdachlos geworden sind in einer Gemeinde, in der eine für sie geist- und freudlose Liturgie gefeiert wird. Sie richten an die Kirche den Vorwurf, nur noch als „Heimatvertriebene" ihr Christsein leben zu können.

- „Fremde Heimat Kirche" bedeutet schließlich auch, dass in einem sehr unmittelbaren Sinn Christen den architektonischen Ausdruck ihrer Religionszugehörigkeit verlieren. Kirchenschließungen, -umwidmungen und -profanierungen markieren den schmerzlichen Abschied von Gotteshäusern, die fortan nur noch als touristische Sehenswürdigkeiten gelten. Ob sie in dieser Eigenschaft aber noch ein lebendiges Wahrzeichen für die soziale und geschichtliche Identität einer Stadt oder einer Region sein können, wird höchst fraglich.

Zweifellos wird viel getan, damit Kirchenbauten nicht bloß Zeugen der Vergangenheit werden, sondern Räume bleiben, wo Christen zusammentreffen und sich in den Wirkraum Gottes stellen. Selbstverständlich ist dies heute nicht mehr. Denn viele Menschen zweifeln längst, ob Gott in der Kirche zu Hause ist, ob er dort noch angetroffen werden kann. Geht das wirklich zusammen – im wörtlichen wie im übertragenen Sinn: eine Immobilie und die Mobilität Gottes? Ist Gott wirklich dazu zu bewegen, in ein Menschenhaus einzuziehen? Hat er einen festen Wohnsitz? Könnten wir uns einer positiven Antwort sicher sein, dann bräuchte die Religionspädagogik nur noch aus Kirchenpädagogik zu bestehen. Dann genügte es, die Fremdenführer in Sachen Glaube nur noch als Kirchenführer auszubilden.

Gegen diese Ansicht gibt es heftige Widerreden. Die nachhaltigste stammt von Friedrich Nietzsche. Für ihn sind Kirchen nur noch die Grabmäler eines toten Gottes. Wenn man dieser

Todesnachricht keinen Glauben schenken, sondern Gott finden will, muss man ihn gleichwohl andernorts suchen, außerhalb der alten „Gottesimmobilien". Ein kräftiges Dementi findet sich dazu hingegen in den Büchern von Theologen, die sich als Pflichtverteidiger Gottes und seiner Kirche begreifen.[7] Und nicht wenige praktizierende Christen, die sich als von Gott aus der säkularen Welt herausgerufen verstehen, stimmen ihnen gerne zu: Der Mensch kann Gott nur finden, wenn er sich im Anziehungsbereich seines Heilswillens befindet. Dieser Heilswillen offenbart sich in Raum und Zeit und darum gibt es für seine Antreffbarkeit auch einen Ort in der Zeit. Die Kirche ist der Ort, an dem sich Gottes Wille zur Gemeinschaft mit den Menschen manifestiert.[8] Hier findet der Wille Gottes zur Gemeinschaft mit den Menschen Raum – und ebenso finden hier die religiösen Hoffnungen des Menschen einen Fluchtpunkt. Hier kann man zur Ruhe kommen und Beheimatung finden.

Solche Sätze werden von frommen Kirchenchristen mit Beifall aufgenommen. Ihre Botschaft hört man gerne in Zeiten der Anfechtung. Doch steckt in ihr auch die Versuchung zur Leichtgläubigkeit. Denn es ist keineswegs ausgemacht, in welchem Sinn „Heimat" wirklich ein religiöser Zentralbegriff sein kann. Im Blick auf die Kirche erweist sie sich zumindest als höchst zwiespältige Kategorie: Für viele Kirchenmitglieder ist die Kirche ein Ort, an dem sie Wurzeln schlagen und sich zu Hause fühlen wollen. In einer Gesellschaft, die von permanenten Veränderungen, Modernisierungen und Innovationen geprägt ist, sehnen sie sich nach einem Ort, der sich durch Stabilität, Vertrautheit und Beständigkeit auszeichnet. Sie brauchen ein Widerlager für die vom beschleunigten Wandel des kultu-

---

[7] Vgl. etwa K. BERGER, Kann man auch ohne Kirche glauben? Gütersloh 2003.

[8] Vgl. auf dieser Linie etwa G. LOHFINK, Braucht Gott die Kirche? Zur Theologie des Volkes Gottes, Freiburg/Basel/Wien 2002.

rellen und gesellschaftlichen Wandels geprägte säkulare Welt. Hier soll darum möglichst alles beim Alten bleiben. Dass Veränderungen in der Kirche letztlich nur dazu dienen, dass tatsächlich alles beim Alten bleibt, mutmaßen hingegen kritische Stimmen in den Gemeinden. Manche „von oben" verordnete Reform – wie etwa die Zusammenlegung von Pfarreien zu „pastoralen Räumen" oder zu „Gemeinschaften von Gemeinschaften" – dient in ihren Augen lediglich der Systemstabilisierung. Damit man etwa hinsichtlich der Zulassungsbedingungen zum Priestertum nichts ändern muss, ändert man (fast) alles andere. Man passt einfach die Zahl der Pfarreien der Zahl der verbliebenen Priester an. Man errichtet Gemeinden im XXL-Format, das alles andere als anheimelnd wirkt. Allerdings ist zurückzufragen: Verträgt sich das Anheimelnde wirklich mit dem, was Religion und Glaube ausmachen?

### Heimat: eine religiöse Kategorie?

„Heimat" ist ein typisch deutsches Wort, das heute als unübersetzbar in andere Sprachen gilt. Gleichwohl ist es erst über einen Umweg fest ins deutsche Vokabular aufgenommen worden.[9] Das Wort „heim" findet sich bis ins 16. Jahrhundert im Deutschen und bezeichnet ein Gehöft oder einen Landstrich. Dann verschwindet dieses Wort für zwei Jahrhunderte und wird im 18. Jahrhundert aus dem Englischen reimportiert. Aus „home" wird „Heimat" und meint fortan ein Mehrfaches:

---

[9] Vgl. zum Ganzen M. Heinze u. a. (Hg.), Utopie Heimat, Berlin 2006; K. Hofmeister/L. Bauerochse (Hg.), Wissen, wo man hingehört. Heimat als Lebensgefühl, Würzburg 2006; Ch. Türcke, Heimat. Eine Rehabilitierung, Springe 2006; G. Gebhard u. a. (Hg.), Heimat. Konturen und Konjunkturen eines umstrittenen Konzepts, Bielefeld 2007; V. Schmitt-Poschmann, Heimat. Neuentdeckung eines verpönten Gefühls, Gütersloh 2010.

den Stammsitz einer Familie, den Geburtsort eines Menschen, einen festen Wohnsitz, die dauernde Bleibe, der Ort des Ansässigwerdens. Im 19. Jahrhundert macht der Begriff „Heimat" im Zuge der deutschen Nationalbewegung Karriere als Synonym für „Vaterland" und wird bald romantisiert. Alltagsweltlich signifikant für diese Phase ist etwa die ästhetische Ausstattung des (typisch) deutschen Wohnzimmers: Man hängt Bilder mit dem Motiv des röhrenden Hirsches oder eines stillen Bergsees (oder beides zusammen) auf …

Dass „Heimat" für geraume Zeit zu einem deutschen Wortfavoriten wurde, hat verschiedene Gründe und Anlässe. Dazu zählen etwa die französische Revolution und die napoleonischen Kriege, gegen die als Abwehr ein deutsches Heimatbewusstsein entwickelt wurde, das ein in viele Kleinstaaten zerfallenes Deutschland einte. Die Besinnung auf Heimat ist auch eine Gegenreaktion zum nüchtern-kalten Vernunftpathos der Aufklärung durch die deutsche Romantik und ihre Verklärung von Natur und Tradition. Missbraucht und pervertiert wurde der Heimatbegriff in beispielloser Weise durch den Nationalsozialismus. Er ist bis heute ein grausames Lehrstück für jede ideologische Heimattümelei, die mit Ausgrenzungen und Abwertungen des Anderen operiert. „Wo ‚Heimat' und ‚Zuhause' materialisiert und landschaftlich und kulturell definiert werden, müssen notwendigerweise immer Grenzen gezogen und Unterschiede zwischen ‚Einheimischen' und ‚Fremden' gemacht werden. Die ‚Fremden' werden dann unvermeidlich als Verderber der Heimat empfunden, weil angesichts ihrer nicht mehr alles vertraut scheint."[10]

Vielleicht wegen seiner Eignung, Identität durch Ausschluss oder Abgrenzung definierbar zu machen, hat der Hei-

---

[10] B. SCHELLENBERGER, Wo bin ich zu Hause?, in: L. Bauerochse/K. Hofmeister (Hg.), Was trägt mein Leben? Gütersloh 2003, 21.

matbegriff immer wieder eine Renaissance erlebt, so etwa in den 1950er Jahren mit der heilen Welt der „Heimatfilme" oder in der Selbstdefinition der „Heimatvertriebenen", aber auch in der als „Historie von unten" aufgewerteten Heimatgeschichte. Plötzlich wurde Tradition wieder als Mittel der Selbstbehauptung gegenüber anonymen und übermächtigen sozialen Größen entdeckt. „Heimat" war nicht mehr bloß eine Chiffre für Enge und Bevormundung, sondern eine Ressource für die Wahrung des Eigenstandes und Eigenrechtes des Partikularen und Individuellen. Bei näherem Hinblick wird klar, dass bei diesem Umgang mit der Kategorie „Heimat" auch Konnotationen mitschwingen, die sich häufig auch beim Gebrauch der Kategorie „Religion" nachweisen lassen: Geborgenheit im Vertrauten, Wurzeln schlagen, Wahrheit suchen im Bewährten, Stand finden im Beständigen.

Neben einem Religionsverständnis, das auf Verwurzelung setzt und Religion als existenzielles ebenso wie kulturelles Wurzelwerk betrachtet, gibt es aber noch einen anderen Religionstyp, der Tradition und Heimat in Frage stellt und die Menschen auffordert, sich auf einen Nachhauseweg zu machen, dessen Ziel im Fremden und Unbekannten liegt. In beiden Fällen können „Religion" und „Heimat" in einem Atemzug genannt werden, und doch ist die jeweilige Bedeutung dieses Begriffspaares völlig anders. Steht beim erstgenannten Religionstyp der Begriff „Heimat" für etwas Vorgegebenes, in das der Mensch hineingeboren wird und wo er kraft seiner Geburt das Recht der Zugehörigkeit besitzt, so steht er im zweiten Typ für etwas Ausstehendes, auf das der Mensch keinen Rechtsanspruch hat. Vielleicht hatte dies Ernst Bloch im Sinn, als er ‚Heimat' definierte: „worin noch niemand war"[11]. Der erste Religionstyp ist die Angelegen-

---

[11] E. BLOCH, Das Prinzip Hoffnung. Bd. 3, Frankfurt a. M. [5]1978, 1628. Blochs Formulierung klingt wie eine Zusammenfassung von Hebr

heit der Sesshaften und Etablierten, der zweite ist eher die Angelegenheit der Nomaden und Wohnsitzlosen. Manches spricht dafür, dass hinter den monotheistischen Religionen des Judentums, Christentums und des Islams ein solcher Grundimpuls zur Mobilität und zum Exodus steht. Abraham, dem Stammvater dieser Religionen, wird von Gott ausgerichtet: „Nicht Dein Geburtsort ist Dein Zuhause. Mache Dich deshalb auf einen Weg in ein Ausland, das Du nur auf dem Weg in Deine Zukunft betreten kannst" (vgl. Gen 12,1–3). Auf diesem Weg sind auch Gotteserfahrungen möglich. Denn der Gott (des Alten und Neuen Testamentes) ist selbst ein Weg-Gott; er hat keinen festen Wohnsitz. Der freie Gott wirkt im Freien. Ihm Immobilien als bleibende Stätte zuzuweisen ist sinnlos.

Gott ist unterwegs mit den Menschen, die keine feste Bleibe besitzen. Außerdem wird die Gefahr zu groß, dass man ihn einmauert, ihn in die eigenen, allzu menschlichen Pläne und Interessen einbaut. Gott dingfest machen zu wollen, das ist die große Versuchung für alle religiösen Menschen: Der Glaubende als Bauherr eines Gotteshauses will Gott bei sich behalten, möchte seiner habhaft werden. Die Folge eines solchen Bemühens ist aber nur zu oft, dass dabei die lebendige Wirklichkeit versteinert. Viele Kathedralen des Mittelalters sind nicht nur Stein gewordene Glaubensbekenntnisse, sondern ebenso Erinnerungsstätten, die sich der Mensch zur größeren Ehre des Menschen errichtet hat.

---

11,13–16: „Voll Glauben sind diese alle gestorben, ohne das Verheißene erlangt zu haben; nur von fern haben sie es geschaut und gegrüßt und haben bekannt, dass sie Fremde und Gäste auf Erden sind. Mit diesen Worten geben sie zu erkennen, dass sie eine Heimat suchen. Hätten sie dabei an eine Heimat gedacht, aus der sie weggezogen waren, so wäre ihnen Zeit geblieben zurückzukehren; nun aber streben sie nach einer besseren Heimat, nämlich der himmlischen. Darum schämt sich Gott ihrer nicht ..., denn er hat für sie eine Stadt vorbereitet."

## Menschenhaus als Gotteshaus?

Der jüdische Tempel hat die Jahrhunderte nicht überdauert und ist Episode geblieben. Der Prachtbau Salomos hatte knapp 300 Jahre Bestand und der Monumentalbau des Herodes stand nur einige Jahrzehnte.[12] Sein Schicksal ist bis heute eine eindrucksvolle Lektion, die Entscheidendes über das Menschenverhältnis Gottes und das rechte Gottesverhältnis des Menschen erzählt: Gott geht auf den Wunsch der Glaubenden ein, bleibend unter ihnen zu sein, jedermann zugänglich. Im Tempel können alle ungehindert zu ihm kommen, zu ihm beten, Lebenshilfe und Asyl finden. Gottes Gegenwart im Tempel ist aber kein Freibrief, keine religiöse Lebensversicherung. Niemand soll sich in der falschen Gewissheit wähnen: Gott ist mit uns, wer will uns etwas anhaben! Gott stellt Bedingungen an das profane Leben. Er verlangt Recht und Gerechtigkeit im Alltag. Fromme Feiertagsgesänge sind ihm zu wenig. Und wenn Tempelbeamte in ihre eigene Tasche wirtschaften, zieht Gott sich zurück.

Nach der Zerstörung des salomonischen Tempels (587 v. Chr.) wird Israel in die Babylonische Gefangenschaft geführt. Nach dem Niederreißen des herodianischen Tempels durch römische Truppen (70 n. Chr.) werden die Juden zerstreut. Ob in der Zerstreuung oder im Exil, in beiden Grenzsituationen bricht die ursprüngliche Glaubenserfahrung wieder auf: Gott geht mit. In der lebendigen Beziehung zu ihm ist die eigentliche Bleibe des Menschen. Wenn vom Tempel nur die Klagemauer übrig bleibt, soll sie daran erinnern: Aus allem, was wir Menschen um unseres Heiles willen in eigener Regie errichten,

---

[12] Vgl. zum Ganzen ausführlich E. Zenger/O. Keel (Hg.), Gottesstadt und Gottesgarten. Zur Geschichte und Theologie des Jerusalemer Tempels, Freiburg/Basel/Wien 2002.

aus allem, hinter dem wir uns und unseren Glauben verbarrikadieren wollen, treibt uns Gott ins Freie.

Wenn eine Institution marode wird, muss dies nicht den Kollaps der von ihr unterstützten Praxis bedeuten. Die Wallfahrt zum Jerusalemer Tempel zählte zu den höchsten Pflichten und Freuden eines frommen Juden. Zur Zeit Jesu haben sich zwar Missstände am Tempel ausgebreitet, aber dennoch wird der Tempelbetrieb nicht ausgesetzt. Solange der Betrieb läuft, scheint auch in religiöser Hinsicht alles zum Besten zu bestehen. Jesu „Tempelreinigung" ist jedoch die temperamentvolle Erinnerung daran, worauf es Gott mit seinem Haus unter den Menschen ankommt. Vertrieben werden all jene, die ihre eigene Sache als Sache Gottes ausgeben. Zu protestieren ist gegen Bemühungen einer Sakralisierung des Profanen; der Glaube kennt keine Währungseinheiten und Abgabeordnungen. Wer die Gegenwart Gottes erfahren will, darf sich nicht in eine Immobilie zurückziehen, sondern muss Jesu Wege zu den Menschen mit- und nachgehen.[13] „Tempelwallfahrt" heißt nun: in die Fußstapfen Jesu zu treten und aufzubrechen zu den fernen und fremd gewordenen Nächsten.

---

[13] Die „Unbehaustheit" ist ein Zentralmotiv im Leben und Wirken Jesu: „Die Füchse haben ihre Höhlen und die Vögel ihre Nester; der Menschensohn aber hat keinen Ort, wo er sein Haupt hinlegen kann" (Mt 8,20). Sein Ruf in die Nachfolge nimmt keine Rücksicht auf familiäre Bindungen. Sein Lebensweg führt ihn vom Land in die Stadt, die ihm auch keine feste Bleibe bietet. Er stirbt draußen vor ihren Toren. Für die frühe Christenheit ist „Heimat" keine Herkunftsbezeichnung, sondern eine Zielbestimmung der Zukunft: „Denn wir haben hier keine Stadt, die bestehen bleibt, sondern wir suchen die künftige" (Hebr 13,13–14).

## Kirchen heute: Platzhalter und Wahrzeichen

Was bisher zur Sprache kam, könnte die Vermutung nahelegen, dass Gott überall antreffbar sei, am wenigsten aber im Gotteshaus. Mancher Kirchenkritiker könnte sich bestätigt fühlen mit seiner Forderung, dem alttestamentlichen Bilderverbot ein neutestamentliches Bauverbot hinzuzufügen. Damit wäre aber die falsche Konsequenz aus den bisherigen Überlegungen gezogen. Der christliche Glaube ist gegenwärtig in einer Situation, in der er gesellschaftlich zu verdunsten droht. Für den Namen und die Wirklichkeit Gottes gibt es in der modernen Gesellschaft kaum noch Zeiten und Räume. Er ist heimatlos geworden im ehemals christlichen Abendland. Kirchen sind der architektonische Protest gegen diese Vertreibung Gottes aus dem sozialen Leben. Als religiöse Denkmäler provozieren Kirchturmspitzen Nachdenklichkeit über die negative Symbolik der modernen Flachdachbauweise und -denkweisen. Kirchen sind „Stellenangebote". Ihr Raum ist frei von Zweck- und Nützlichkeitszusammenhängen. Gerade deswegen ermöglichen sie eine Zweck- und Zielsuche, die der menschlichen Orientierungslosigkeit abhelfen kann. Sie sind Orte der Besinnung und des Zusichkommens. Kirchen sind Platzhalter für die Begegnung mit der Wirklichkeit Gottes. Gott ist unaufdringlich, diskret, zurückhaltend. Nur in dem Maße, wie der Mensch in seinem Leben Freiräume und Freizeiten zulässt, in die hinein sich das Wort Gottes aussprechen kann, kommt Gott zu Wort und der Mensch zum Glauben.

Wer die Kirche solchermaßen als „Freiraum" oder als „Wahrzeichen" identifiziert, könnte allerdings die bisherige Assoziationskette auch einmal umkehren und fragen: Wer ist eigentlich wem fremd geworden? Lässt die vielfach beobachtbare Entfremdung von Kirche und moderner Welt nicht auch die Frage aufkommen, ob die moderne Welt das Christentum und seine Wahrheiten zureichend wahrgenommen und verstanden hat? Waren bei dem Befremden, das Kirche und Moderne gegenseitig ausgelöst haben, nicht auch wechselseitig Vorurteile und Verzerrungen im Spiel? Ist es nicht an der Zeit, dass die aufklärungsstolze und fortschrittsbegeisterte Moderne ihre religiöse „Fremdenfeindlichkeit" ablegt? Nur unaufgeklärte Menschen sind überzeugt, dass man alles Überkommene hinter sich lassen muss, wenn man vorankommen möchte. Und ist es nicht auch höchste Zeit, dass die Kirche endlich anerkennt, dass die Projekte der Moderne auch in ihr selbst Heimatrecht haben?

Die unbestreitbaren Fremdheiten zwischen Kirche und moderner Gesellschaft bedeuten Herausforderungen, die bestanden werden können, wenn in der Kirche zusammenkommt, was zusammengehört: der nüchterne Mut, sich unbequemen Einsichten zu stellen, und die evangelische Weigerung, sich mit einer Situation abzufinden, in der „die Hände erschlaffen und die Knie wanken" (Hebr 12,12). Zu dieser Erschlaffung kann das ständige, folgenlose Aufzählen der Krisen und Konflikte einen erheblichen Teil beitragen. Wo es bloße Rhetorik bleibt, wirkt es entmutigend und macht depressiv. Mutlosigkeit aber ist keine christliche Tugend. Kritiklosigkeit und Ängstlichkeit sind es ebenso wenig. Sie sind die Untugenden des Kleinbürgers und – christlich gesehen – die Merkmale des Kleinglaubens.

Es hieße zweifellos, den Glauben im Kleinformat zu belassen, wenn man aufhören würde, das Evangelium kritisch zu beziehen auf jene Größe, durch die es der Welt verkündet werden soll: die Kirche. Unter dieser Rücksicht sind „Kirchenvolksbegehren" legitim und notwendig, die für mehr innerkirchliche Partizipation an den Entscheidungen der Amtsträger eintreten und diese daran erinnern, dass sie nicht „Herren über den Glauben", sondern „Helfer zur Freude" der Gläubigen sein sollen (vgl. 2 Kor 1,24). Allerdings ist es wenig fair, Kirchenkritik allein bei der Kirchenhierarchie abzuladen. Das hierarchische Kirchenregiment haben selbst seine Kritiker so weit verinnerlicht, dass sie meinen, alles an kirchlicher Erneuerung hinge davon ab, dass sich die Führungseliten (Papst und Bischöfe) ändern. Aber selbst wenn von ihnen tatsächlich innerkirchliche Reformimpulse ausgingen: Veränderungen in der Kirche, die keine Verbesserungen in ihrem Verhältnis zur Gesellschaft nach sich ziehen, verbessern auf Dauer auch nicht den inneren Zustand der Kirche.

Der christliche Glaube würde auf ein Kleinformat reduziert, wenn das Evangelium nicht ebenso kritisch auf die Kirche wie auf die Welt bezogen würde, der es verkündet werden soll. Von beiden Haltungen zeugt der Basistext des II. Vatikanischen Konzils über das Verhältnis der Kirche zur modernen Welt „Gaudium et spes". Seine Grundaussagen sind nach wie vor aktuell für ein Leitbild der Kirche, die ihr Kirchesein *in* der Welt und *für* die Welt realisieren will. Er ist auch relevant für die Bewältigung von Problemkonstellationen, in denen die Kirche heute angefragt ist, Heimat und Fremde neu zu buchstabieren. Dabei geht es um die Klärung prekärer „Außenbeziehungen" zwischen Kirche, Gesellschaft und Staat. Und ebenso geht es um die „inneren" Angelegenheiten der Kirche: um Formen der Spiritualität, die sich nicht mehr eingemeinden lassen, um Herausforderungen einer nicht mehr kirchenzentrierten Pastoral und um den Zusammenhang von „Gotteskrise" und „Kirchenkrise".

Die Entwicklung von Antworten auf diese Problemlagen braucht eine Kreativität, die aus Nöten Tugenden machen kann. Es müssen nicht gleich Utopien und Visionen her, die einen Generalumbau der Kirche, neue Programme für das politische Engagement der Christen und neue katechetische Curricula verlangen. Sie scheitern meist daran, dass sie sich zu viel vornehmen. Manchmal helfen kleine Schritte, auch wenn dadurch der erhoffte Erfolg länger auf sich warten lässt. Wenn man das Notwendende in homöopathischen Dosen ansetzt, wird man vielleicht sogar die Erfahrung der Erstverschlimmerung machen. Aber sie markiert die erste Etappe der Besserung.

# 2. In der Welt und für die Welt: Wie die Kirche über die Kirche denkt

VON ZEIT ZU Zeit ist es angezeigt, das Christentum nicht nur vor seinen Kritikern, sondern auch vor seinen Verteidigern in Schutz zu nehmen. Dies gilt vor allem für jene neue Spielart der Religionsapologetik, die der Kirche vorwirft, sich zu wenig um ihre genuin religiösen Aufgaben zu kümmern. Das Eigentliche, das entscheidend Christliche – so heißt es – kommt zu kurz. Mehr noch: Wo sich die Kirche um soziale und politische Fragen kümmert, da beginnt für die Wahrer des unterscheidend Christlichen bereits der Prozess der Selbstsäkularisierung. In Gestalt einer gesellschaftlich angepassten „Zivilreligion" dient sie sich angeblich bei der Bewältigung innerweltlicher Probleme an, die sich ebenso gut auch ohne einen spirituellen Flankenschutz lösen lassen. Anstatt in ihrer Verkündigung von jener Wahrheit Zeugnis zu geben, die über den Tag hinaus Bestand hat, will sie mit dem Geist des Zeit gleichauf sein und bemerkt nicht, dass sie ihm beständig nur hinterherläuft. Die Grundvollzüge der Kirche sehen ihre Kritiker so weit psychologisiert, pädagogisiert und soziologisiert, dass daraus ein Gemisch aus Psychotherapie, Meditationskursen, Sozialarbeit und Eventmanagement geworden sei, aber nichts mehr von Transzendenz und Erlösung, vom Heiligen und Mystischen vernehmbar werde. Was vor einigen Jahrzehnten noch ein Grund war, der Kirche soziales Versagen vorzuwerfen – das fehlende Engagement in politischen und kulturellen Handlungsfeldern – wird nun zum Anlass genommen, ihr ein Versagen in genuin religiösen Bereichen vorzuhalten. Ist es also für Theologie, Pastoral und kirchliche Bildungsarbeit wieder angezeigt, von Mystik statt von Politik, von Kontemplation statt von Aktion zu handeln? Oder ist hier bloß ein bestimmter Zeitgeist am Werk, der nur das als religiöses Zeugnis gelten lässt, das sich abseits des Politischen manifestiert?

## Vaticanum II: Aufbruch in den Untergang?

Die Kritik an der „Selbstsäkularisierung" der Kirche tritt auf im Gewande der Verteidigung und Rettung des spirituellen und mystischen Erbes des Christentums. Für etliche ihrer Wortführer markiert das II. Vatikanische Konzil das Ereignis, mit dem ein „Aufbruch in den Untergang" begonnen habe. Will man ihn noch aufhalten, müssen jene Kursänderungen rückgängig gemacht werden, die mit den herausragenden Konzilsdokumenten verknüpft sind. Dazu gehören

- die *Kirchenkonstitution* „Lumen Gentium" mit ihren Leitbegriffen „Volk Gottes" und „Communio", die angeblich den mystischen „Leib Christi" verkennen und einem soziologischen Horizontalismus Vorschub leisten;

- das Dekret über die *Religionsfreiheit* „Dignitatis humanae", das in der vermeintlichen Überordnung des persönlichen Gewissens gegenüber geoffenbarten Wahrheiten nur Relativismus und Subjektivismus befördere;

- die Erklärung über das *Verhältnis der Kirche zu den nichtchristlichen Religionen* „Nostra aetate", die mit der vorgeblichen Anerkennung einer Vielzahl von Heilswegen die Unüberbietbarkeit der christlichen Offenbarung verdunkele;

- das Dekret über den *Ökumenismus* „Redintegratio unitatis", welches das Streben nach der Einheit der Christen zu Lasten des Ringens um die wahre Gestalt der einen Kirche Christi propagiere;

- und natürlich die *Liturgiekonstitution* „Sacrosanctum Concilium", welche aus einem objektiven Heilsgeschehen ein Experimentierfeld der rituellen Beliebigkeit gemacht habe.

In diesen (klischeehaften und undifferenzierten) Kritiken und Rücknahmeforderungen paart sich der Gestus der Rettung des „Katholischen" mit dem Anspruch, die „Zeichen der Zeit" besser verstanden zu haben als jene Konzilsväter, die dies vor 50 Jahren als Leitmotiv ihrer Reformvorhaben in den Vordergrund stellten. Hätten die Kritiker Recht, dann wäre davon noch stärker als die bisher genannten Konzilstexte die *Pastoralkonstitution* „Gaudium et spes" betroffen. Sie darf mit gutem Grund als das grundlegende Dokument des II. Vaticanums und als sein hermeneutischer Schlüssel betrachtet werden. Von diesem Text her sind alle übrigen Texte zu interpretieren. Hier nimmt die Kirche umfassend eine neue, dialogische Verhältnisbestimmung zur Welt vor. Hier werden Katholizität und Säkularität neu zueinander in Beziehung gesetzt; hier betrachtet sich die Kirche nicht bloß aus einer theologischen Binnenperspektive, sondern verknüpft diese mit dem Blick von außen; hier lässt sich studieren, was mit christlicher Zeitgenossenschaft gemeint und wie diese Zeitgenossenschaft jeweils neu wahrzunehmen ist.[1]

Aber genau hier beginnen die Kontroversen: Ist von der Kirche wirklich Zeitgenossenschaft mit der säkularen Welt oder nicht viel eher kritische Ungleichzeitigkeit verlangt? Schließlich rührt der Appell, sich der Welt nicht anzugleichen (vgl. Röm 12,2; Jak 4,4) an ein Grundthema der gesamtem Christentumsgeschichte. In höchstem Maße angebracht ist tiefe Skepsis gegenüber einer Kirchlichkeit, die in nicht gerin-

---

[1] Vgl. hierzu umfassend A. KREUTZER, Kritische Zeitgenossenschaft. Die Pastoralkonstitution *Gaudium et spes* modernisierungstheoretisch gedeutet und systematisch-theologisch entfaltet, Innsbruck/Wien 2006.

gem Umfang auf Konformität mit der Gesellschaft angelegt ist, also auf Opportunitätsdenken beruht. Hat das Konzil nicht die falsche Option gewählt? Sind die „Zeichen der Zeit" nicht anders zu deuten und aus anderer Deutung andere Konsequenzen zu ziehen, als dies in der nachkonziliaren Zeit geschehen ist? Gibt es Alternativen für die Zuordnung von Kirche und Gesellschaft, die „Gaudium et spes" nicht näher verfolgt hat? Oder steckt in diesen Anfragen ein Missverständnis der konziliaren Redeweise von den „Zeichen der Zeit", das sich in prekären Bestimmungen des Verhältnisses von Kirche und Gesellschaft fortsetzt?

## Christlich handeln im Horizont der Zeit: Leitideen von „Gaudium et spes"

Bereits in den einleitenden Passagen von „Gaudium et spes" findet sich die programmatische Aussage zu Theorie und Praxis christlicher Zeitgenossenschaft. Demnach ist es Auftrag und Anliegen von Theologie und Kirche, „nach den Zeichen der Zeit zu forschen und sie im Licht des Evangeliums zu deuten, sodass sie in einer der jeweiligen Generation angemessenen Weise auf die bleibenden Fragen der Menschen nach dem Sinn des gegenwärtigen und des zukünftigen Lebens und nach dem Verhältnis beider zueinander Antwort geben kann" (GS nr. 4). Hier wird eine Kurzformel geboten, die prägnant das Verhältnis von Immanenz und Transzendenz, von „Diesseits" und „Jenseits" benennt, wie es für das Wirken der Kirche in der Zeit typisch ist. Wer sie allein für das Zeitlose und Überzeitliche zuständig sieht, halbiert ihren Auftrag. Sie hat sich den existenziellen und sozialen Fragen zu stellen, die sich hier und jetzt ergeben und zugleich über den Tag hinaus von Belang sind. Zugleich wird eine doppelte Fokussierung der Verkündigung verlangt: generationentypisch und biografienah einerseits, evangeliumsgemäß und von den Quellen des Glaubens her inspiriert andererseits. Wenn die Kirche etwas zur spirituellen Orientierung in den sozialen Auseinandersetzungen und Konflikten moderner Gesellschaften beitragen will, muss sie auch auf die geistige Signatur der Zeit eingehen. Sachgemäß ist die Verkündigung des Evangeliums nur dann, wenn sie der jeweiligen Zeit gerecht wird. Man darf also die Sache des Evangeliums nicht trennen von der Zeit, in der sie jeweils zu vertreten ist. Und diese Zeit ist nicht von vornherein der Opponent oder Widerpart des Evangeliums.

Es wäre ignorant, in allem, was den Geist der Zeit ausmacht, nur Geistloses oder einen Ungeist am Werk zu wähnen. Wer das tut, sieht am Ende (nur) noch Gespenster. Gegen solche Schwarz- und Geisterseher in der Kirche wendet sich Papst Johannes XXIII. in seinem Einberufungsschreiben des II. Vatikanischen Konzils: „Ja wir möchten uns die Forderung Christi zu eigen machen, die ‚Zeichen der Zeit' (Mt 6,13) zu unterscheiden, und glauben deshalb, in all der großen Finsternis nicht wenige Anzeichen zu sehen, die eine bessere Zukunft der Kirche und der menschlichen Gesellschaft erhoffen lassen." In der Eröffnungsrede des Konzils wurde er in seiner Kritik eines larmoyanten Kulturpessimismus noch deutlicher: „In der täglichen Ausübung unseres Hirtenamtes verletzt es uns, wenn wir manchmal Vorhaltungen von Leuten anhören müssen, die zwar voll Eifer, aber nicht gerade mit einem sehr großen Sinn für Differenzierung und Takt begabt sind. In der jüngsten Vergangenheit bis zur Gegenwart nehmen sie nur Missstände und Fehlentwicklungen zur Kenntnis. Sie sagen, dass unsere Zeit sich im Vergleich zur Vergangenheit nur zum Schlechteren hin entwickle … Wir müssen diesen Unglückspropheten widersprechen, die immer nur Unheil voraussagen, als ob der Untergang der Welt unmittelbar bevorstehen würde."[2] Ähnliches möchte man den heutigen Konzilskritikern zurufen, die in der Kirche nur Niedergang und Verlust ausmachen, um dann jeglichen Niedergang und Verlust allein dem Konzil anzulasten. Natürlich bestehen zuhauf Anlass und Gründe für Kritik, und manche Krise ist zweifellos selbstverschuldet. Aber die meisten Ursachen für die Kirchenkrise in der zweiten Hälfte des 20. Jahrhunderts, liegen – wenn man sie überhaupt an den Entscheidungen eines Konzils festmachen will – mehr beim I. Vaticanum und seiner Abschottung vor dem, was wir heute die Projekte der Moderne nennen.

Das II. Vaticanum steht dagegen für die selbstkritische Reaktion der Kirche auf eine Tradierungs- und Plausibilitätskrise, welche Glaube und Kirche in ihrer überkommenen Gestalt in Frage stellen. Entstanden ist diese Krise teils aus der Weigerung, teils aus dem nur halbherzig unternommenen Versuch, Glaube und Kirche in das Industriezeitalter zu inkulturieren und sich widerständig auf das ethisch-politische und ökonomisch-technische Programm der Moderne einzulassen. Diese notwendige Inkulturation betrifft nicht nur kirchliche Strukturen, Akteure und Handlungsformen. Sie berührt ebenso die Stimmigkeit und intellektuelle Nachvollziehbarkeit der Glaubensinhalte. „Kann man unter den Bedingungen der Moderne noch *denken*, was Christen *glauben* – und wie lebt man, wenn man das *tut*, was Christen glauben? Welche Konsequenzen hat christliches Handeln im Kontext des Politischen und Ökonomischen, wenn es auf evangeliumsgemäße Weise sach- und zeitgemäß ist?" – so lauten die Kernfragen an die Adresse der Konzilsväter.

Die erste Antwort lautet: Evangeliumsgemäß ist nicht, sich aus der Welt zu stehlen, sich über sie zu erheben oder sich ihr

---

[2] Zur Einordnung dieser Rede in die Programmatik und Dramatik des Konzils siehe O. H. PESCH, Das Zweite Vatikanische Konzil. Vorgeschichte – Verlauf – Ergebnisse – Nachgeschichte, Würzburg 2001.

gegenüberzustellen, sondern in der Welt für die Welt engagiert zu bleiben, sich von ihren Nöten anrühren zu lassen und sich ihrer Freuden mitzufreuen. Für Christen gibt es „nichts wahrhaft Menschliches, das nicht in ihren Herzen seinen Widerhall fände. Ist doch ihre eigene Gemeinschaft aus Menschen gebildet, die, in Christus geeint, vom Heiligen Geist auf ihrer Pilgerschaft zum Reich des Vaters geleitet werden und eine Heilsbotschaft empfangen haben, die allen auszurichten ist. Darum erfährt diese Gemeinschaft sich mit der Menschheit und ihrer Geschichte wirklich engstens verbunden" (GS nr. 1).

Für die Kirche gilt es, nicht allein die Zeichen der Zeit im Licht des Evangeliums zu erfassen, sondern ebenso das Evangelium im Licht der Zeichen der Zeit zu deuten – und selbst Zeichen zu setzen. Diese Bestimmung trifft zunächst und vor allem für die Kirche selbst zu. Die Kirche selbst ist – theologisch gesehen – ein Zeichen in der Zeit. Sie versteht sich selbst als „Zeichen und Werkzeug für die innigste Vereinigung mit Gott wie für die Einheit der ganzen Menschheit"[3]. Sie ist das Zeichen der Nähe Gottes in der *Welt* für die Welt. Eine Kirche, die in der Welt nur auf sich selbst verweist, kann kein Zeichen für die Zuwendung Gottes zur Welt sein. Aber ihr Dasein für die Welt, entpflichtet nicht davon, *Kirche* zu sein. Eine Kirche, die *in* der Welt nicht mehr Kirche sein will, kann als solche auch nicht mehr *für* die Welt da sein. Eben dies ist zu betonen, wenn beim Leitbild evangeliumsgemäßer Zeitgenossenschaft geargwöhnt wird, hier beginne die Selbstsäkularisierung der Kirche.

---

[3] Vaticanum II, Dogmatische Konstitution über die Kirche „Lumen gentium", nr. 1.

## Kritische Zeitgenossenschaft

„Gaudium et spes" strebt sowohl eine Grundlegung als auch eine Konkretisierung christlicher Zeitgenossenschaft an, die dem Evangelium entspricht. Im ersten Teil der Konstitution werden eine theologische Anthropologie, eine sozialethische Prinzipienlehre und Grundlinien des Kirche/Welt-Verhältnisses entwickelt (nr. 11–45), auf die im zweiten Teil eine Erörterung seinerzeit drängender sozialethischer Einzelthemen folgt (nr. 46–90). Allerdings will diese Aufteilung nicht so gelesen werden, dass der erste Teil den dogmatisch unwandelbaren Kernbestand katholischer Sozialtheologie enthält und der zweite Teil aus einer situativen Umsetzung und Anwendung prinzipieller Erwägungen auf ethische Herausforderungen im Bereich der Kultur, der Wirtschaft, der Politik und der internationalen Beziehungen besteht. Es fehlt weder im ersten Teil die Handlungsorientierung noch im zweiten Teil die theoretische Fundierung.

Imprägniert sind diese Ausführungen mit einem Plädoyer für eine Präsenz der Kirche in der Welt, die ebenso einem „aggiornamento" wie einem „ressourcement", d. h. einer Erneuerung aus den Quellen des Christseins entstammt. Sein Tenor ist nicht die Anpassung, sondern die Resonanzfähigkeit der Kirche für eine sich dramatisch verändernde Welt. Nicht die Errichtung einer Gegenwelt, sondern die Solidarität mit der Welt ist ihr Thema. Nicht ein Bruch mit allen Traditionen, sondern ihre Erneuerung durch die Rückbindung an die Dynamik des Ursprungs prägen die konziliaren Reformimpulse auch in den anderen Konzilstexten. In ihnen manifestiert sich der Widerspruch zu der dualistischen Versuchung, die reine Lehre unter Absehung von Glaubensgeschichte und sozio-kultureller Bedingtheit der Pastoral zu definieren und Praxis nur als Anwendungsfall der stets schon gewussten dogmatischen Wahrheit zu begreifen.

Ein solches Vorgehen liefert die Kirche keineswegs modischen Trends und Tendenzen aus. Dass in Theorie und Praxis die Auseinandersetzung mit religiösen und gesellschaftlichen (Zeit)Fragen „im Licht des Evangeliums" unternommen wird, kann gerade die Gefahr bannen, sich an den jeweiligen Geist einer Zeit auszuliefern und bloß als dessen Protokollant aufzutreten. Das Konzil fordert Theologie und Kirche ja dazu auf, ihre Lesart der Zeit und ihrer Zeichen nicht allein aus der Gegenwart, die sie deuten will, zu beziehen, sondern vom Evangelium her. Insofern ist eine „produktive Ungleichzeitigkeit" gewährleistet.

So griffig die Formel „Zeichen der Zeit" klingt, so schwierig ist allerdings auch ihre Anwendung.[4] Zweifellos geht es um mehr und anderes als um das Unternehmen von Trendforschern, die allenfalls Momentaufnahmen einer sich im ständigen Übergang befindlichen Gesellschaft bieten. So einflussreich ihre „in/out"-Listen heute sein mögen, so bedeutungslos sind sie schon morgen. Ihre Gegenwartsrelevanz steht im krassen Gegensatz zu ihrer Zukunftsbedeutung. In diesem Format nach „Zeichen der Zeit" zu fragen, verurteilt christliche Zeitgenossenschaft zur Kurzatmigkeit und zur Folgenlosigkeit. Weitaus wichtiger ist es, die hinter solchen Wellen, Moden und Konjunkturen stehenden Antriebsmomente zu erfassen. Es geht dann nicht allein um die Phänomene sozialen Wandels, sondern auch um dessen Wandlungskräfte: Wie wandelt sich im Lauf der Zeit sozialer Wandel? Was ist bezeichnend für diese sich wandelnden Veränderungen? Stellen sie diesen Wandel unter ein bestimmtes Vorzeichen, und/oder sind sie Anzeichen einer beginnenden Zukunft (vgl. Lk 12,54–57)? In seiner Enzyklika „Pacem in terris" (1963) hatte Papst Johannes XXIII.

---

[4] Vgl. P. Hünermann (Hg.), Das Zweite Vatikanische Konzil und die Zeichen der Zeit heute, Freiburg/Basel/Wien 2006.

als solche Zeitzeichen erwähnt: den Aufstieg der Arbeiterklasse, die Emanzipation der Frauen und das Freiheitsstreben der Kolonialvölker (PT nr. 40–45). Nicht singulären Ereignissen kommt also Zeichencharakter zu, sondern Veränderungen, welche anhaltende Breiten- und Tiefenwirkung haben. Es handelt sich um Entwicklungen, die Kontinuitätserwartungen durchbrechen, mit denen in Gestalt einer dramatischen „Problemanzeige" Neues aufbricht von vielleicht noch unabsehbarer Tragweite für eine „Humanisierung" der Welt.

Für Christen gilt es zu prüfen, ob diese Veränderungen auch für einen Vorgang stehen, in dem sich herausstellt, wie es um die weltverändernde Kraft des Evangeliums beschaffen ist. Wo setzt die Zeit von sich aus Zeichen, in denen sich die Sache des Evangeliums anzeigt und die darum bedeutsam sind für dessen Auslegung und Verständnis? Ist hier etwas im Kommen, in dem sich der Heilswille Gottes in Zeit und Geschichte manifestiert? In diesem Fall kommt es dann darauf an, die Gunst dieser Stunde nicht zu verpassen (vgl. Mk 1,15). Darum gilt es, wachsam und geistesgegenwärtig sich auf eine Unterbrechung des „business as usual" einzustellen (vgl. Mk 13,33–36). Diese Zeitansage ist nicht chronologisch zu verstehen. Sie zielt nicht auf ein berechenbares Datum, sondern auf eine bestimmte Offenheit für die Zuwendung Gottes, mit der zu jeder Zeit zu rechnen ist. Sie hält Ausschau nach dem rechten Augenblick, dieser Zuwendung einen neuen Ausdruck zu geben. Eine solche Einstellung ist nicht nur spirituell, sondern auch ethisch belangvoll. Sie liefert sich keineswegs dem aus, was jeweils im Säkularen als aktuell oder modern ausgegeben wird. Vielmehr macht sie bewusst, dass jetzt die Zeit drängt, die Grundwerte des Evangeliums zu verwirklichen, für die man sich vorher schon entschieden haben muss, um überhaupt ermessen zu können, dass für sie die Stunde jetzt günstig ist. Nur wer Ziele und Ideale hat, die über den Tag hinaus bestehen, vermag in den Zeichen der Zeit auch einen Fingerzeig Gottes zu erkennen. In diesen Koordinaten bewegt sich das Bemühen des Volkes Gottes, „in den Ereignissen, Bedürfnissen und Wünschen, die es zusammen mit den übrigen Menschen teilt, zu unterscheiden, was darin wahre Zeichen der Gegenwart oder des Ratschlusses Gottes sind" (GS nr. 11).

Christliche Zeitgenossenschaft vollzieht sich dabei auch als eine „Unterscheidung der Geister", die von den Irrlichtern und Strohfeuern des Fortschritts nachhaltige Entwicklungen zur Beförderung eines globalen Gemeinwohls abzuheben anleitet. In diesem Sinn zählt zu den zentralen Kategorien einer christlichen Zeitgenossenschaft auch die prophetische Kritik. So ist der vermeintliche Fortschrittsoptimismus des Konzils, der an der „Freude und Hoffnung" der Menschen teilhat, keineswegs so ungebrochen, dass nicht auch „Trauer und Angst" (vgl. GS nr. 1) und ein Wissen um die Ambivalenz des Fortschritts deutlich vernehmbar sind. Eindeutig wird auch kritisch Stellung bezogen zur Tatsache der ungerechten Verteilung der irdischen Güter mit den Folgen von Hunger und Elend (GS nr. 69) und zur unerträglichen Schädigung der Armen durch den Rüstungswettlauf (GS nr. 81).

Zur Wahrnehmung christlicher Zeitgenossenschaft gehört unabdingbar eine dialogische Beziehung zwischen Kirche und Welt (vgl. GS nr. 40ff, nr. 90), die bei aller notwendigen Sozialkritik in der Welt nicht bloß alles Negative und alles Negative nicht bloß in der Welt wahrnimmt. Vielmehr gilt es auch das anzuerkennen, „was an Gutem in der heutigen gesellschaftlichen Dynamik vorhanden ist", und mit Achtung zu blicken „auf alles Wahre, Gute und Gerechte, das sich die Menschheit in den verschiedenen Institutionen geschaffen hat und immer neu schafft" (GS nr. 42). Diese Anerkennung lebt im und vom Dialog mit allen Menschen guten Willens, mit den Angehörigen anderer Religionen und Konfessionen. Dabei gelten nach außen wie nach innen dieselben Regeln des Gebens und Nehmens (GS nr. 42–44), des Hörens aufeinander und des Lernens voneinander: „Anerkennung aller rechtmäßiger Verschiedenheit, gegenseitige Hochachtung, … im Notwendigen Einheit, im Zweifel Freiheit, in allem die Liebe" (GS nr. 92).

## Kirche im „conservative turn"

In manchen Passagen wirken die sozialethischen Konkretionen der konziliaren Zeitdiagnose heute kaum noch scharf genug. Allerdings ist dies kein Grund, den Text beiseitezulegen. Vielmehr enthält er selbst die Aufforderung, ihn „zu vervollkommnen und zu ergänzen (…), da oft von Dingen die Rede ist, die einer ständigen Entwicklung unterworfen sind" (GS nr. 91). „Gaudium et spes" will ein Text sein, mit dem man nicht nur zum Zeitpunkt seiner Verabschiedung etwas anfangen kann. Man soll immer wieder mit ihm anfangen können, über Ort und Funktion der Kirche in der Gesellschaft nachzudenken. Dass er solche kontinuierlichen Neuanfänge ermöglicht, macht seine unabgegoltene Bedeutung in der Gegenwart aus. Unabgegolten ist nicht zuletzt die Methode, beim Nachdenken über die Kirche eine gesellschaftliche Außenperspektive in eine theologische Innenperspektive derart einzubauen, dass der Blick *von* außen nicht erst nachträglich den Blick *nach* draußen schärft.

Gleichwohl nimmt die Zahl derer ab, die sich dieses Programm zu eigen machen wollen. Dass der Elan des konziliaren Aufbruchs erlahmte, hat nicht nur mit trägen Kirchenstrukturen oder Ermüdungserscheinungen auf Seiten des Kirchenvolkes zu tun.[5] Den Effekt der Resignation erzeugen vielfach der

---

[5] Vgl. G. Wassilowsky (Hg.), Zweites Vaticanum – vergessene Anstöße – gegenwärtige Fortschreibungen, Freiburg/Basel/Wien 2004.

Stil, der in diesen Strukturen gepflegt wird, und die Mentalitä-
ten, die sich darin eingenistet haben. Stil und Mentalität aber
werden ebenso von Strukturen wie von Subjekten geprägt. Es
lohnt sich, bei der Suche nach Gründen für den vielfach be-
klagten Kirchenfrust nicht nur auf die Kirche als Institution
zu schauen, sondern auf die Subjekte, die in diesen Strukturen
und Institutionen etwas zu sagen haben bzw. das Sagen haben.
Es fällt ja auf, dass das Reformanliegen des II. Vaticanums bei
der Generation der heute 45- bis 55-Jährigen (man könnte sie
„78er" nennen), die Leitungsfunktionen inne haben, immer
weniger auf die Bereitschaft treffen, sie umzusetzen und fort-
zuschreiben. Vom „Geist des Konzils" ist vor allem bei der jün-
geren Generation deutscher Bischöfe nur noch vereinzelt etwas
zu spüren. Das Konzil begann als eine Reformation von oben.
Die Abkehr von seinen Reformen und deren „spirit" scheint
ebenfalls von oben zu kommen. Wenn diese Beobachtung zutrifft, dann beginnt dieser Prozess in den Köpfen (und Herzen)
der kirchlichen Führungseliten. Um diesen Prozess zu verstehen, dürfte es der Mühe wert sein, nach generationentypischen
Merkmalen dieser 78er zu fragen und die Kirchenbiografie dieser Generation mit dem Lebenslauf ihrer säkularen Altersgenossen abzugleichen. Man wird dann auch leichter begreifen,
wie weit es mit dem konziliaren Katholizismus gekommen ist
und wohin es möglicherweise mit der Kirche weitergehen wird.


## Psychogramm der postkonziliaren Generation

„Wohin sie auch kamen, stets trafen sie als Zweite ein." – In der
Chronik des 20. und 21. Jahrhunderts wäre dies eine möglicherweise passende Kurzbeschreibung für die Generation der heute
45- bis 55-Jährigen. Dafür hat sie das Leben zwar nicht bestraft.
Auch Zweitplatzierte erringen eine olympische Medaille. Aber es

hat andere bevorzugt. Die 78er waren die permanent verspätete Generation. Sie kamen zu spät für die Revolte der 68er; die gesellschaftskritischen Aufbrüche der Anti-Atomkraft- und Ökologiebewegung haben sie eher als Sympathisanten denn als Initiatoren verfolgt.[6] Sie sind wohl niemals wirklich originell gewesen, sondern haben sich ihre Ideale meist von anderen abgeschaut. Vor diesem Hintergrund sind in der Soziologie Zweifel aufgekommen, ob man die 78er überhaupt generationentypisch erfassen kann. Denn anders als die „Alt-68er" und die Computerkids der 1990er Jahre haben die 78er keine politisch oder kulturell griffige Symbolik entwickelt, die sie auf Anhieb identifizierbar machte. Sie verfügten über kein Erkennungszeichen. Sie waren weder Revoluzzer noch Punks.[7] Während die 68er die Grundhaltung des „Dagegenseins" kultivierten[8], sind die 78er bereit, sich von anderen beeindrucken und umstimmen zu lassen. Ist diese Flexibilität Wankelmut, ein Zeichen von Souveränität oder einfach zeitbedingt-zufällig? Denn das Spezifikum der 78er ist, dass sie kein direktes ideologisches Gegenüber im Kollektivsingular mehr haben und sich bloß von Traditionen absetzen müssen, um fortschrittlich zu sein. Sie müssen sich in einem historischen Zwischenraum bewegen. Sie sind die erste Generation, die groß geworden ist im Windschatten der politischen und kulturellen Durchbrüche der 68er. Und sie sind die ersten, die mit den Bruchstellen sozialstaatlicher Sicherungssysteme und mit dem Gegenwind neoliberaler Ökonomie konfrontiert werden. Es ist das besondere Merkmal dieser Generation, dass sie Fortschritte im Rücken und Rückschläge vor Augen hat.

---

[6] Vgl. R. MOHR, Zaungäste. Die Generation, die nach der Revolte kam, Frankfurt a. M. 1992.

[7] Vgl. M. HORX, Die wilden Achtziger. Eine Zeitgeist-Reise durch die Bundesrepublik, München 1987.

[8] Vgl. DERS., Aufstand im Schlaraffenland. Selbsterkenntnisse einer rebellischen Generation, München 1989, 11ff.

„Auch wer als Zweiter kommt, kann zu spät kommen." Diese Überschrift gilt auch für die Kirchenbiografie der 78er. Als das II. Vaticanum endet (1965), befinden sich die meisten von ihnen noch in der Grundschule. Was für ihre Eltern ein innerkirchlicher Modernisierungsschub ist, zählt für sie fortan zum Normalbestand. Als die Würzburger Synode endet (1975), beginnen die meisten ihr Studium. Konzil und Synode – zwei Zäsuren, welche die Zeit der katholischen 78er erneut zu einer Zeit des „danach" machen. Wieder einmal sind sie die Nachkömmlinge, sie leben in der nachkonziliaren und in der nachsynodalen Phase. Für die 78er ist dies nicht eine Phase des selbstbewirkten Aufbruchs – aber immerhin: Sie sind fortan dabei, wenn innerkirchlich neue Freiräume erschlossen werden, wenn neue kirchliche Berufe für „Laien" entstehen und sie auch in der theologischen Wissenschaft eine Chance haben. Wer in diesen Jahren Theologie studiert, tut dies meist mit einer hohen sozialen Motivation. Und die Theologie selbst tut einiges, um die solchermaßen Motivierten nicht zu enttäuschen. Ansätze einer politisch-ethischen Hermeneutik des Evangeliums stehen hoch im Kurs (Politische Theologie, Befreiungstheologie, Feministische Theologie). Die Gruppe der sozial und politisch engagierten 78er hat in dieser Zeit jene Überzeugungen ausgebildet, auf denen sie auch heute noch beharrt: die Option für die Armen und für eine Sozialethik „von unten", das Engagement für die Überwindung des Nord/Süd-Konfliktes, die Einsicht in die Einheit von Theorie und Praxis, von Mystik und Politik, das gleichberechtigte Eintreten für eine sozial- und umweltverträgliche Zukunftsgestaltung, die Sympathie für die Organisationsform sozialer Bewegungen.

„Auch wer als Zweiter kommt, kommt irgendwann dran!" Den 78ern steht die ideologische Aufladung von Grundsatzdebatten der 68er zu deutlich vor Augen, als dass sie diese wiederholen wollten. Den herrschenden Verhältnissen nur in Maßen angepasst, denken sie pragmatisch und haben doch Sinn fürs Programmatische. Sie sind illusionslose Idealisten. Alt genug, um sich keine Illusionen mehr zu machen – jung genug, um noch Ideale zu haben, – klug genug, um etwas auf die Ideale jener Aufbrüche in Kirche und Gesellschaft zu geben, die sie nicht selbst ausgelöst haben. Sie kennen jene Utopien, die es verdienen, keine Utopien zu bleiben.

Aber sie sind wankelmütig, skeptisch und unentschlossen, ob sie noch etwas auf die Ideale jener Aufbrüche in Kirche und Gesellschaft geben, die sie nicht selbst ausgelöst haben und deren Kraft aufgezehrt scheint. Da sie selbst keine Zukunftsvisionen hervorbringen, suchen sie Zuflucht beim Ideal der historischen Kontinuität. Mangelndes Innovationspotential wird ersetzt durch Traditionstreue. Sie lassen sich beeindrucken von den Krisenbilanzen, die zeigen, dass sich das Bestreben um ein verantwortetes Schritthalten mit den Lebensthemen der Moderne für die Kirche nicht rechnet. Wenn die Kirche ihr konziliares „aggiornamento" fortsetzt und sich modernitätsoffen zeigt, muss sie mit der Möglichkeit rechnen, dass die Zahl jener, die sie durch ihre offenen Türen verlassen, größer ist als die Zahl jener, die sie betreten. Daran wollen die 78er im Bischofsrang, als Leiter von Seelsorgeämtern, als Hauptabteilungsleiter in bischöflichen Generalvikariaten nicht schuld sein.

Nachdem die liberalen Milieus angesichts enttäuschter Reformerwartungen der Kirche den Rücken gekehrt haben, erblicken viele Kirchenführer in den verbliebenen konservativen Milieus den einzigen Rückhalt, auf den sie in Zukunft zählen können. Um ihre Loyalität zu belohnen, sind sie zu weitgehenden Zugeständnissen bereit. Manche von ihnen gehen so weit, den Grundsatz „ecclesia semper reformanda" auf das Reformkonzil Vaticanum II zu beschränken. Sie schreiben die Dokumente des Konzils nicht fort, sondern sympathisieren mit dem Versuch, sie von vorkonziliaren Positionen her zu deuten.

50

Die Bestrebungen, dass die Kirche rückwärts reformiert wird, sind weder an Zahl noch an Wirkung gering. Wer nach römischen Belegen für diese Entwicklung sucht, findet sie in den Dekreten zur Wiederzulassung der Tridentinischen Messe[9], zur Rehabilitierung der Pius-Bruderschaft[10] und zur Revision der liturgischen Bücher.[11] Gemeinsam ist diesen Unternehmungen, dass sie eine Asymmetrie sowohl im Außenverhältnis als auch im Innenverhältnis der Kirche herausstellen. Gegenüber der säkularen Welt soll die Andersheit und Unangepasstheit der Kirche unterstrichen werden. Im Innenverhältnis ist sie anziehend für Menschen, die doppelt unangepasst sein wollen: gegenüber der säkularen Welt und gegenüber Kirchenmitgliedern, die sich dem Säkularen zu sehr geöffnet haben. Besonders angesprochen davon fühlt sich eine Generation von Priestern, die den Weg zum Priesteramt gehen musste, ohne dass ihr dabei von außen, in ihrem sozialen Umfeld, Unterstützung oder Ermutigung zuteil wurde. Sie waren von Anfang an auf sich allein gestellt, blieben angewiesen auf ihre von innen kommende Motivation. Man darf sie vielleicht dekaden- und generationentypisch als „98er" einordnen. Sie haben also Ende des letzten Jahrhunderts in den Priesterseminaren eine spirituelle Sozialisation durchlaufen, die ganz auf eine innige und persönliche Christusbeziehung abzielt. Entscheidend ist für sie ihr Selbstverhältnis „in Christo"; darin finden sie Stabilität und Identität. Wie es um ihr Auftreten „in mundo", in der

---

[9] Vgl. A. GERHARDS (Hg.), Ein Ritus – zwei Formen. Die Richtlinie Papst Benedikts XVI. zur Liturgie, Freiburg/Basel/Wien 2008.
[10] Vgl. W. BEINERT (Hg.), Vatikan und Pius-Brüder. Anatomie einer Krise, Freiburg/Basel/Wien [2]2009.
[11] Vgl. W. HOMOLKA/E. ZENGER (Hg.), „… damit sie Jesus Christus erkennen". Die neue Karfreitagsbitte für die Juden, Freiburg/Basel/Wien 2008; M. STRIET (Hg.), Gestorben für wen? Zur Diskussion um das „pro multis", Freiburg/Basel/Wien 2007.

säkularen Welt, steht, kümmert sie wenig. Alle Initiativen, die Zölibatsverpflichtung zu lockern, empfinden sie als Infragestellung eines Merkmals ihrer Identität, die auf einer doppelten Unangepasstheit insistiert. Ihr Interesse gilt nicht einer Welt, die sich nicht für ihre Berufung interessiert, aber an der Lebensform der Ehelosigkeit Anstoß nimmt. Dann wollen sie lieber anstößig bleiben und verbitten sich Spekulationen über das angebliche „Auslaufmodell" Zölibat. Unterstützung für diese Haltung sehen sie in soziologischen Ratschlägen an die Kirche, in eine Welt, „die sich als Ideal die totale Symmetrisierung von allen auf die Fahne geschrieben hat, ... eine Idee des Asymmetrischen ... hineinzubringen"[12].

Selbst wenn die These zutrifft, dass sich die Moderne bei der Idealbestimmung des sozialen Lebens vom Ideal der Symmetrie inspirieren ließ, so ist dennoch die gesellschaftliche Realität weithin von Asymmetrien bestimmt. Nicht deren Zahl zu mehren ist für die Kirche das Gebot der Stunde. Vielmehr kommt es darauf an, destruktive und produktive Asymmetrien unterscheiden zu können und unproduktive Symmetrien zu tilgen. Zu welcher Art von Asymmetrie man den Zölibat dabei rechnet, ist nachrangig. Die regelmäßig aufflackernden Debatten um die Ehelosigkeit der Priester dienen in nichtkirchlichen Kreisen meist nur dazu, den Bedarf an der Beschäftigung mit den bizarren Seiten des Katholizismus zu befriedigen. Dringlicher ist die Frage: Was befähigt angehende Priester nach ihrer Weihe geistig, theologisch und praktisch dazu, einen Dialog mit der Gesellschaft, einen wertschätzenden Umgang mit Gemeindemitgliedern und einen kooperativen Führungsstil mit Laien im pastoralen Dienst zu pflegen? Es braucht nicht zu verwundern, wenn sich eine jahrelange spirituelle Selbstzentrierung niederschlägt in fortlaufenden Markie-

---

[12] A. Nassehi, Für einen Kulturkatholizismus, in: zur debatte 2/2001, 28.

rungen des Andersseins – auch gegenüber den ihnen anvertrauten Gemeinden. Unversehens kann diese identitätsstiftende Andersartigkeit umkippen in autoritäres Gehabe, patriarchales Pfarrherrentum oder elitären Klerikalismus. Verbrämt wird dies dann meist mit der Beschwörung einer priesterlichen Aura und mit liturgischer Nostalgie. An die Stelle einer vermeintlichen Selbstsäkularisierung der Kirche setzt sie dabei ihre Selbstsakralisierung.

Sakralisierungen praktizieren anstelle des unterscheidenden In-Beziehung-Setzens von Transzendenz und Immanenz, Säkularem und Sakralem, Menschlichem und Göttlichem die Einebnung eines Unterschiedes zugunsten des Sakralen „in Reinkultur". Wo diese Praxis anstößig wirken könnte, werden Zweifel mit den Mitteln der spirituellen Überhöhung beseitigt: Während eines „Oasentages" für Priester und Diakone des Erzbistums Köln in der Karwoche 2011 wurde den Zuhörern ihre Berufung zur Heiligkeit mit einem Zitat des französischen Jesuiten Pierre Olivaint (1816–1871) vor Augen gestellt, in dem der Sühnopfergedanke zentral ist: „Morgens in der hl. Messe bin ich der Priester und Christus das Opfer. Über den Tag hinweg ist dann Christus der Priester und ich das Opfer." Von diesem Gedanken wird dann auch abgeleitet, was die „Erneuerung" der Kirche ausmachen soll: Sie wird „nicht nur darin bestehen, dass wir alles Künstliche und Weltliche, das in sie eingedrungen ist, beseitigen, sondern in erster Linie darin, dass wir diese ‚Torheit des Kreuzes', die Sühne, das heilende Lieben, die Heiligkeit neu entdecken – eine Torheit, die die Welt niemals verstehen wird, es sei denn, dass die Welt sie an uns ablesen kann."[13] Eine solche Anwendung der Logik der

---

[13] Ch. OHLY, Per crucem ad lucem. Die Eucharistie als Schlüssel zur Hingabe in Passion und Auferstehung Jesu Christi (hg. von der Pressestelle des Erzbistums Köln), Köln 2011, 8.

Asymmetrie kommt im Verhältnis zwischen Kirche und Welt mit nur einem Imperativ aus: Beseitige das „Weltliche" aus der Kirche, auf dass die unverständige Welt die „Heiligkeit" der Kirche staunend an ihren Amtsträgern ablese! Aber ist die Welt wirklich so unverständig, wie hier unterstellt wird, oder reagiert sie nur mit Kopfschütteln auf eine klerikale Anmaßung, die Welt schlecht zu machen, um mit der eigenen Weltfremdheit gut dastehen zu können? Stand es nicht schon einmal besser mit dem Verhältnis von Kirche und Welt – in Theologie und Praxis?

# 3. „Bürgerinitiative des Heiligen Geistes": Kirche in der Zivilgesellschaft

MIT DER PASTORALKONSTITUTION „Gaudium et spes" hat das II. Vatikanische Konzil in der Mitte des 20. Jahrhunderts den überfälligen Versuch unternommen, Ort und Auftrag der Kirche in der modernen Welt zu bestimmen. Da zu den Merkmalen der Moderne ein ständiger, sich zuweilen schubweise beschleunigender sozialer und kultureller Wandel gehört, ist ein solches „aggiornamento" selbst ein unabschließbarer Prozess. Vor allem aber lässt sich dieses „aggiornamento" nicht im theologischen Alleingang durchführen. Wer über die Kirche in der Gesellschaft von heute nachdenkt, muss dabei nicht nur etwas von der Kirche und ihrem dogmatischen Selbstverständnis verstehen. Wer nicht zugleich auch etwas von der Gesellschaft versteht, sich nicht in ihren Strukturen und Wandlungsprozessen auskennt[1], hat nichts begriffen vom Ort und von den Aufgaben der Kirche in der Welt von heute und versteht darum letztlich auch nichts von der Kirche. Um Ort und Funktion der Kirche in der Moderne theologisch zu bestimmen, bedarf es daher stets einer Bezugnahme auf sozialwissenschaftliche Analysen und Diagnosen von Modernisierungsprozessen – auch wenn diese einen ernüchternden Befund ergeben.

---

[1] Vgl. hierzu U. SCHIMANK (Hg.), Soziologische Gegenwartsanalysen. Bd. 1, Wiesbaden ²2007; Bd. 2, Wiesbaden 2002.

## Von der Mitte an den Rand

Aus einer soziologischen Perspektive drohen die evangelische wie die katholische Kirche zunehmend eine soziale Randerscheinung zu werden. Das hat nicht allein mit innerkirchlichen Unzulänglichkeiten zu tun. Vielmehr liegt dies an Prozessen, die von ihnen weitgehend unbeeinflussbar sind. Der Lauf der modernen Welt ist nämlich gekennzeichnet durch einen Vorgang, der von Soziologen mit dem Stichwort „funktionale Differenzierung" charakterisiert wird.[2] Dieses Wort besagt: Zu den Zeichen unserer Zeit gehört, dass wir in einer Gesellschaft mit verteilten Zuständigkeiten leben. Wichtige Aufgaben des Zusammenlebens werden auf bestimmte Teilbereiche delegiert, wo sie professionell und kompetent bearbeitet werden. Es gibt den Bereich der Bildung, der Medizin, der Rechtsprechung, der Wirtschaft, und es gibt die Medien. In jedem dieser Bereiche gelten eigene Regeln. Jedes dieser Teilsysteme wehrt sich dagegen, dass von außen in es hineinregiert wird. Über das medizinisch Sinnvolle kann kein Jurist entscheiden. Über das wirtschaftlich Profitable bestimmt kein Pädagoge. Über Medientauglichkeit befinden die Medien und nicht die Politik. Über das physikalisch Machbare entscheidet die Physik und nicht die Moral. In einem solchen Umfeld fällt es der Kirche zunehmend schwer, für sich einen besonderen Öffentlichkeitsanspruch zu behaupten und sich politisch einzumischen. Wenn sie sich auf ein Gebiet wagt, das in die Zuständigkeit eines anderen sozialen Teilsystems fällt, weist man sie rasch in ihre religiösen Schranken. Ihr sozialer Ort wird darum mehr und mehr der Rand der Gesellschaft. Die trotzigen Versuche der Kirche, darauf mit der Übernahme von Aufgaben zu rea-

---

[2] Vgl. hierzu U. SCHIMANK, Theorien gesellschaftlicher Differenzierung, Wiesbaden [3]2007.

gieren, welche dennoch zentrale Bereiche berühren, haben nur bescheidenen Erfolg. Sie werden gesamtgesellschaftlich nur insoweit toleriert, wie die Kirche dabei für andere Akteure in die Bresche springt. Sie ist als Betreiberin von Kindergärten, Schulen, Sozialstationen, Krankenhäusern willkommen und erspart dem Staat damit erhebliche Kosten. Aber wenn es um Strukturen geht, etwa in Fragen der Gesundheitsreform und Sozialgesetzgebung, hält man ihren politischen Einfluss bewusst gering.

Dieser Einfluss wird in Zukunft noch weiter abnehmen. Denn die sozialen Leistungen sind für die Kirche sehr finanzintensiv. In Zeiten leerer Kassen wird sie nicht mehr alle bisherigen caritativen Dienste erbringen können. Sie muss neue Prioritäten setzen. Von Unternehmensberatern wird ihr empfohlen, sich dabei auf ihr „Kerngeschäft" zu konzentrieren. Innerhalb des Schemas funktionaler Differenzierung wird schnell klar, was damit gemeint ist: der Bereich ritueller Lebensbegleitung, spiritueller Sinnstiftung und sakramentaler Heilsvermittlung. Hier ist die Kirche zwar nicht mehr Monopolist, aber immerhin noch Marktführer.

Eine solche Strategie allerdings ist problematisch. Es besteht die Gefahr, dass hierbei die Kirche zu einer öffentlich-rechtlichen Körperschaft religiöser Sinngebung deklariert wird in einem ansonsten „religiös unmusikalischen" und nach je eigenen Gesetzen funktionierenden Sozialsystem. Als spiritueller Reparaturbetrieb hat sie Krisen, Konflikte und Probleme zu entsorgen, die in anderen Teilsystemen erzeugt wurden, dort aber nicht mehr lösbar sind.

Wenn die Kirche sich darauf einlässt, halbiert sie ihr Erbe und ihren Auftrag. Als Ausdruck von „GottesVolksVersammlung" soll die Kirche ein Ort sein, von dem Impulse der Veränderung auf die säkulare Gesellschaft ausgehen. Diese Impulse zielen auf das, was eine Gesellschaft von Grund auf konstituiert, und nicht bloß darauf, wie sie ihre Schadensfälle reguliert.

Ein hohes Ideal – aber lässt es sich heute noch umsetzen? Die moderne Welt ist kein Kloster. Sollte die Kirche nicht realistisch sein und ihren Geltungsanspruch zurückschrauben? Drückt er nicht bloß ihre Weigerung aus, sich als gesellschaftliche Randfigur zu erkennen? Fragen dieser Art haben eine hohe Suggestivkraft. Die soziologische Vernunft und die Logik der Unternehmensberater lassen eigentlich keine Alternative zu. Der Theologie bleibt offensichtlich nichts anderes übrig, als sich damit abzufinden und das hohe Lied auf die „kleine Herde" der Christen anzustimmen. Wenn in Zeiten steigender Kirchenaustritte und sinkender Kirchensteuern der Rückzug aus der politischen Arena und aus dem sozialen Engagement wirtschaftlich unausweichlich scheint, muss er schließlich auch theologisch gerechtfertigt und beglaubigt werden. Doppelt begründet überzeugt besser!

Wie aber wäre es, wenn die Reihenfolge umgedreht würde? Was wäre, wenn man die veränderte gesellschaftliche Ausgangslage als Vorlage für eine neue theologische Lesart des Verhältnisses von Kirche und Gesellschaft nehmen würde? Lässt sich in der gesellschaftlichen Not nicht eine theologische Tugend entdecken? Birgt die soziologische Ortsbestimmung der Kirche als soziale Randexistenz nicht auch Chancen? Steckt darin vielleicht sogar ein Fingerzeig Gottes?

In der Tat ist bereits vor etlichen Jahren der Vorschlag gemacht worden, die Kirche als „Kontrastgesellschaft" zu organisieren. Wie will man anders die biblische Bestimmung erfüllen, „Salz der Erde" und „Licht der Welt" zu sein? Als „Modellgesellschaft" Gottes ist die Kirche ohnehin nicht von gesellschaftlichen Vorgaben her zu verorten. Wo sich die Kirche einer Platzanweisung am Rande der Gesellschaft beugen muss, kann sie dies als Chance einer alternativen Gestaltung menschlichen Miteinanders nutzen. Dies hat den Vorteil, keine faulen Kompromisse machen zu müssen. Ihre Glaubwürdigkeit wird davon profitieren.[3] In der nachkonziliaren Zeit ist dies ein wichtiges Kriterium für den offiziellen Kurs der Kirche geworden. Vor allem in den Auseinandersetzungen um die Beteiligung der katholischen Kirche am staatlichen System der Schwangerenkonfliktberatung hat man sich häufig darauf berufen. In eigener Regie ein eigenes Beratungssystem aufzubauen schien die Gefahr einer „Verdunkelung" des kirchlichen Zeugnisses für das Evangelium zu bannen. Man wollte mit sauberen Händen dastehen. Aber für viele Frauen stand die Kirche plötzlich mit leeren Händen da.

Ging es hier wirklich nur darum, nach außen unmissverständlich zu zeigen, wofür die Kirche steht? Oder wollte man nach innen für klare Fronten sorgen und vermeintliche Abweichler wieder auf Kurs bringen? Wie aber wirkt ein solches Vorgehen nach außen? Eine derartige Strategie schafft mehr Probleme, als sie löst: Identität nach innen wird hier durch eine Differenz nach außen gefestigt. Wo dies zum Programm erhoben wird, liegt die Kirche in einem Trend dieser Zeit, gegenüber dem sie eigentlich eine Alternative sein sollte: Auch sie setzt darauf, infolge einer Rückzugsbewegung nur noch mit Gleichgesinnten zu verkehren und abseits der Großgesellschaft in einer selbsterrichteten Gegenwelt das eigene Glück zu finden. Anstatt eine Gegenöffentlichkeit zu formieren, verformt sich die Kirche hierbei zur geschlossenen Gesellschaft – theologisch überhöht als „heiliger Rest". Problematischer als der Rückgang ihres äußeren Bestandes ist ihre innere Verkümmerung. Dass sie kleiner wird, muss man beklagen – dass sie dabei engstirniger wird, ist das größere Übel. Dabei ist keineswegs ausgemacht, ob diese geistige Enge von den klerikalen Führungseliten oder vom Kirchenvolk ausgeht. An Haupt und Gliedern erliegt man gleicher-

---

[3] Zur kritischen Wertung dieses Modells siehe Th. RUCKSTUHL, Ecclesia universalis, Frankfurt a. M. 2003, 260–267.

maßen zu oft der Versuchung, sich in einen liturgischen Ästhetizismus zu flüchten. Auf diesem Weg hofft man, den gegenüber dem Säkularen verlorenen Glanz im Sakralen wiederzufinden. Politisch, sozial und kulturell ist ein solches Kirchentum belanglos – es ähnelt einer Thermoskanne, „die nach innen wärmt und nach außen kalt bleibt"[4].

## Kirche im sozialen Niemandsland?

Eine Alternative zum Weg der Kirche ins gesellschaftliche Abseits ist durchaus denkbar und praktizierbar. Es sprechen sogar soziologische Gründe dafür, sich erfolgreich der Verdrängung des Christentums in ein politisches Niemandsland widersetzen zu können. In den zahlreichen Sozialanalysen und Zeitdiagnosen der letzten 20 Jahre hat die Kategorie „Zivilgesellschaft" eine besondere Karriere gemacht.[5] Auch sie charakterisiert eine Signatur von Zeit und Gesellschaft. Die Zivilgesellschaft steht für jene Sphäre politischer und medialer Öffentlichkeit, die sich zwischen die Leitsysteme Staat und Wirtschaft einerseits und die private Lebenswelt andererseits geschoben hat. Sie wird von einer Vielzahl nicht-staatlicher und nicht-ökonomischer Vereinigungen, sozialer Bewegungen, Gruppen, Verbänden und Initiativen genutzt als Arena der Darstellung und Diskussion von Angelegenheiten, die alle angehen. Ihre Aktivitäten sind für die Vitalität eines demokratischen Gemeinwesens nicht nur de facto, sondern auch in normativer Hinsicht relevant. Eine liberale Demokratie hat nur Bestand, wenn sie für die Freiheiten, die sie verbürgt, für die Sicherung

---

[4] H. ZAHRNT, Mutmaßungen über Gott, München/Zürich 1994, 172.
[5] Vgl. als Erstinformation H.-J. HÖHN, Art. „Zivilgesellschaft", in: LThK[3] X, 1477.

ihrer Erhaltungsbedingungen und für die Werte, die sie vertritt, auf nicht-staatliche Ressourcen zurückgreifen kann. Der Staat muss ein besonderes Interesse an diesem bürgerschaftlichen Engagement haben und wird die einzelnen Akteure nicht behindern, sondern fördern müssen. Bürgerschaftliches Engagement ist die wichtigste Ressource eines demokratischen Gemeinwesens.

Der Begriff „Zivilgesellschaft" ermöglicht vielen gesellschaftlichen Akteuren, die nicht institutionell in die sozialen Leitsysteme „Wirtschaft" und „Politik" eingebunden sind, eine Bestimmung ihres sozialen Ortes und ihrer politischen Bedeutung, die unmittelbar anschlussfähig ist für ihr Selbstverständnis. Er erleichtert die Legitimation ihres Anspruchs, eine Sache zu vertreten, die an die Öffentlichkeit will, weil sie dorthin gehört. Darauf setzen inzwischen auch etliche Vertreter der christlichen Kirchen, die hier eine Möglichkeit sehen, ihren Öffentlichkeitsanspruch soziologisch neu zu formatieren und der Abstufung des Evangeliums zu einer reinen Privatangelegenheit entgegenzutreten. Endlich scheint es eine Möglichkeit zu geben, sich mit soziologischen Argumenten und nicht bloß mit theologischen Behauptungen der Verdrängung des Christentums in ein politisches Niemandsland zu widersetzen. Die Zivilgesellschaft würde in der Tat ihr eigenes Leitbild vor allem im Blick auf die Teilnehmer und Themen öffentlicher Debatten diskreditieren, wenn sie die Kirche als zivilgesellschaftlichen Akteur nicht anerkennen wollte – vor allem dann, wenn diese die Stimme für sozial Benachteiligte erhebt oder sich an den ethischen Debatten um die Menschendienlichkeit und Verantwortbarkeit riskanter Spitzentechnologien beteiligt.[6]

---

[6] Vgl. hierzu auch A. LIEDHEGENER/I.-J. WERKNER (Hg.), Religion, Zivilgesellschaft und bürgerschaftliches Engagement, Wiesbaden 2011.

Zwar genießt die Kategorie „Zivilgesellschaft" wachsende Wertschätzung auch in kirchlichen Kreisen. Allerdings sind mit ihrem Gebrauch „nach außen" auch Problemstellungen „nach innen" verbunden, welche die Frage aufwerfen, ob sie mit dem theologischen Selbstverständnis der Kirche zusammenpasst. Bezweifelt wird vor allem, ob das theologische Selbstverständnis der Kirche verträglich ist mit der aus einer soziologischen Beobachterperspektive vorgenommenen Bestimmung ihres Ortes und ihrer Rolle in der Bürgergesellschaft als *eines* zivilgesellschaftlichen Akteurs *unter vielen* (wie etwa Greenpeace, attac, amnesty international). Auf Seiten der kirchlichen Führungseliten kommt die Sorge auf, dass ein zivilgesellschaftliches Leitbild der Kirche mit der Aufgabe von wichtigen Rechtspositionen (und Besitzständen) als öffentlich-rechtliche Körperschaft und Konkordatspartner des Staates einhergeht. Gegenüber der Kirche als „bloß" zivilgesellschaftlichem Akteur könnte der Staat seine weltanschauliche Neutralität sehr viel stärker als bisher über das Prinzip der „negativen Religionsfreiheit" zur Geltung bringen.

Allerdings reicht diese Besorgnis nicht aus, um grundsätzlich eine Unvereinbarkeit zwischen dem *theologischen* Selbstverständnis der Kirche als „Institution des Heilswillens Gottes" und ihrer *soziologischen* Beschreibung als Institution im Zwischenbereich von Staat und Lebenswelt festzustellen. Das eine schließt das andere nicht aus. De facto ist die Kirche heute angesiedelt zwischen privater Lebenswelt und politischer Öffentlichkeit. De facto erfüllt sie auch die Aufgabe, für die gesellschaftlichen Problemlagen, die in den privaten Lebensbereichen und Alltagswelten auftreten, resonanzfähig zu sein und sie lautverstärkend an die politische Öffentlichkeit weiterzuleiten.[7] Und auch prinzi-

---

[7] Zur laufenden Debatte siehe u. a. K. GABRIEL/H.-J. HÖHN (Hg.), Religion heute – öffentlich und politisch, Paderborn 2008.

piell dürfte klar sein: Die europäische Moderne steht für veränderte Zuordnungen von Lebenswelt, Staat und Gesellschaft, die auf Seiten der Kirche neue Selbstverständigungsleistungen sowie Neudefinitionen ihres öffentlichen Anspruchs erzwingen. Lange Zeit haben die kirchlichen Führungseliten gegenüber Staat und Gesellschaft für sich ein „Hüter- und Wächteramt" reklamiert, das ihre gesellschaftlichen und politischen Initiativen legitimierte. In modernen Gesellschaften macht es für die christlichen Kirchen aber kaum mehr Sinn, sich als staatsanaloge Größe oder als eine dem Staat korrespondierende öffentliche Hoheitsmacht zu begreifen. Hier stehen sie nicht mehr neben dem Staat, sondern ihm allenfalls gegenüber.

Es macht auch keinen Sinn mehr, dass die Kirchen vom Staat für „staatstragende" Dienste eine Gegenleistung erwarten, die sie in ihrem religiösen Auftrag fördert. Der liberale Rechtsstaat verfolgt in der Gestaltung des Zusammenlebens der Menschen allein säkulare Zwecke und legitimiert sich allein aus ihnen. Religiöse Ziele und Zwecke liegen außerhalb seiner Zuständigkeit. Er verzichtet auch auf religiöse Wahrheitsansprüche und erwartet von Religionsgemeinschaften den Verzicht auf jede Befugnis zu weltlicher Herrschaft. Aber keineswegs wird die Religion vom säkularen Staat negiert. Er verdrängt sie auch nicht in die Privatsphäre. Vielmehr gibt er ihr Raum für öffentliche Betätigungen, die auch das gesellschaftliche und politische Leben beeinflussen. Mehr will und darf er für die Religion nicht tun. Wer auf der Basis dieses Staatsverständnisses weitere staatliche Maßnahmen zur Statusverbesserung von Religionen fordert, übersieht, dass die beste religionspolitische Maßnahme bereits die Etablierung eines säkularen Rechtsstaates selbst ist. In einer weltanschaulich und religiös pluralen Gesellschaft sichert gerade er am ehesten die nötigen Voraussetzungen freier Religionsausübung.

## Kirche in der Öffentlichkeit: Szene, Netzwerk, Bürgerinitiative

Für eine Übernahme und theologische Ausdeutung der Kategorie „Zivilgesellschaft" spricht die Tatsache, dass das Christentum
von Grund auf eine „öffentliche Religion"[8] ist und nicht erst
deswegen, weil es sich in Gestalt der Kirche als soziale Institution öffentlich antreffbar macht. Bereits seiner Botschaft geht
es um öffentliche Angelegenheiten. In diese Richtung weist
auch das II. Vatikanische Konzil, wenn es die Kirche als „Zeichen und Werkzeug für die innigste Vereinigung mit Gott wie
für die Einheit der ganzen Menschheit" (LG nr. 1) bestimmt
und ihre Aufgabe nicht allein darin sieht, „die Botschaft Christi
und die Gnade den Menschen nahezubringen, sondern auch darin, die Ordnung der zeitlichen Angelegenheiten zu durchdrin-
gen und zu verbessern" (AA nr. 5). Die Kirche ist kein Selbstzweck, sondern einzig dazu da, dass der Folgenreichtum des
Evangeliums offenbar wird – nicht allein in der privaten Lebenswelt, sondern auch in der Öffentlichkeit. An diesem Folgenreichtum hängen ihre Identität und ihre Relevanz.

Wenn sie ihr Außenverhältnis mit zivilgesellschaftlichen Kategorien deutet, hat dies auch Folgen für ihre Sozial- und Organisationsform und für ihre sozialen Innenverhältnisse. Diese
müssen keineswegs unverrückbar mit dem Ideal der Volkskirche
und der Gemeinde als deren zentraler sozialer Einheit verknüpft
sein. Der Reichtum an wohltuenden Folgen kirchlicher Praxis
scheint zwar abhängig zu sein von der Zahl der Akteure, welche
sich dieser Praxis verschreiben. Und eine Volkskirche dürfte gegenüber einer Kirche, die von gesellschaftlicher Marginalisie-

---

[8] Zu Erläuterung dieses Terminus vgl. etwa J. Casanova, Chancen und
Gefahren öffentlicher Religion, in: O. Kallscheuer (Hg.), Das Europa
der Religionen, Frankfurt a. M. 1996, 181–210.

rung bedroht ist, deutlich im Vorteil sein. Allerdings gilt diese Schlussfolgerung nur mit Einschränkungen für zivilgesellschaftliche Verhältnisse. Hier besteht die Möglichkeit, sich nach Organisations- und Aktionsformen umzuschauen, deren Effizienz nicht allein von der Statistik aktiver Mitglieder abhängig ist. Zu denken ist an Sozialformen wie „Szene", „Netzwerk" oder „Bürgerinitiative". Sie sind ebenfalls zwischen privater Lebenswelt und politischer Öffentlichkeit anzusiedeln, zeichnen sich durch einen hohen Mobilisierungsgrad ihrer Mitglieder und beträchtliche soziale, mediale und politische Resonanz aus. Aus soziologischer und theologischer Sicht kann sich die Kirche mit einer solchen Platzanweisung für ihr eigenes soziales und politisches Handeln durchaus einverstanden erklären.

Vielleicht hat sie sogar den Mut, sich als „Bürgerinitiative des Heiligen Geistes" ein neues sozio-theologisches Leitbild zu geben. Dieses Leitbild verlangt von ihr, sich als dynamische Wirklichkeit zu realisieren, die solidaritäts- und pluralitätsfähig ist. Ihr kommen dann jene Eigenschaften zu, die auch das Wirken des Geistes Gottes kennzeichnen: Spontaneität, Lebendigkeit, Ortsungebundenheit, Überraschungsreichtum. Dann könnte man auch von der Kirche sagen: Sie ist für Überraschungen gut, sorgt für gute Überraschungen und ist darum immer wieder überraschend gut ...[9]

Mit diesem Leitbild vertragen sich keine theologischen Überhöhungen eines sozialen Aussteigertums. Gefordert ist vielmehr, dass Christen als „Seiteneinsteiger" sich mit Gleichgesinnten dafür einsetzen, dass auch in den kirchenfernen und für die Kirche unerreichbaren Bereichen der Gesellschaft Freiheit und Geschwisterlichkeit möglich werden – und nicht nur

---

[9] Viele Beispiele für eine Pastoral der guten Überraschungen, die in einem als Problemviertel geltenden Stadtteil Kölns erprobt wurden, finden sich bei F. MEURER/P. OTTEN, Wenn nicht hier, wo sonst? Kirche gründlich anders, Gütersloh 2011.

in einigen abgegrenzten kirchlichen Parzellen. Anders ist auch das neutestamentliche Bildwort von den christlichen Gemeinden als „Salz der Erde" (Mt 5,13–16) nicht zu verstehen und nicht zu praktizieren. Salz ist „kein Lebensmittel, das man um seiner selbst willen genießt. Es ist nicht selber Speise, sondern man fügt es den Speisen hinzu. ... Wollte hingegen jemand auf den Gedanken kommen, Salz als Selbstzweck und also selber als Speise auszugeben, so würde die Reaktion derer, die darauf hereinfallen, alsbald jeden überzeugen, dass Salz als Speise genossen ungenießbar ist: Man würde spucken."[10] Salz erfüllt nur dann seine spezifische Funktion, wenn es als Zutat eingesetzt wird. Dann würzt es Speisen, verstärkt es ihren Eigengeschmack und macht Lebensmittel haltbar oder taut als „Streusalz" die Vereisungen unserer Verkehrswege auf.

## Kampagnenfähig: Allianzen für Solidarität und Gerechtigkeit

Mit ökumenischen Denkschriften und bischöflichen Hirtenbriefen allein lässt sich in der Zivilgesellschaft wenig ausrichten. Eine zahlenmäßig kleiner werdende Kirche kann hier erst dann etwas bewegen, wenn sie auch kampagnenfähig wird. Dann wird sie buchstäblich etwas lostreten können. Dabei ist ihr quantitativer Bestand nur von sekundärer Bedeutung; primär kommt es auf soziale Phantasie und politische Kreativität an. Die von vielen kirchlichen Gruppen mitgetragene Aktion „Erlassjahr 2000" hat gezeigt, dass es möglich ist, ein drängendes Thema (Verschuldung der „Dritten Welt") öffentlichkeitswirksam bewusst zu machen und ebenso (christliche) Motive

---

[10] E. JÜNGEL, Das Salz der Erde, in: DERS., Ganz werden (Theologische Erörterungen V), Tübingen 2003, 162.

und (politische) Ziele derart in Szene zu setzen, dass selbst die Teilnehmer des Weltwirtschaftsgipfels in Köln 1999 darauf in ihren Beschlüssen eingegangen sind. Hier hat sich bestätigt, dass solche Aktionsbündnisse mit der Kirche als Bündnispartnerin zu sozialen Korrektiven werden können, die notwendige Veränderungen unmittelbar verdeutlichen, gesellschaftlich geltend machen und politische Entscheidungen beeinflussen. Eine liberale Demokratie verträgt durchaus solche Provokationen, Inspirationen und Korrekturen.

Sämtliche Chancen auf öffentliche Wahrnehmbarkeit und Relevanz werden hingegen verspielt, wenn sich in der Kirche eine Wagenburgmentalität durchsetzt und man in Theorie und Praxis nur ein kirchliches Binnenchristentum favorisiert. Gegen diese Verengung in der Organisationsform der Kirche steht auch ihre theologische Sinnstruktur: In der Kirche wird Gottes Wille zur Gemeinschaft mit den Menschen konkret, d. h. sozial antreffbar und kulturell gegenwärtig. Gleichwohl ist der Gemeinschafts- und Heilswille Gottes nicht auf diese konkrete, geschichtlich-soziale Antreffbarkeit der Kirche begrenzt. Gott will das Heil aller Menschen (1 Tim 2,4) – auch jener, die nicht zu ihr gehören. Und eben dies bezeugt die Kirche! Zum Wesen und Auftrag der Kirche gehört es somit, Ereignis und Gestalt der Zuwendung Gottes zu den Menschen zu sein, die nicht an den Grenzen der Kirche endet. Die Kirche repräsentiert darum jene Wirklichkeit, die in ihr unüberbietbar präsent ist, aber sie zugleich übersteigt. Sie bildet die Gemeinschaft derer, die vom Evangelium her glauben, dass jedes wahre menschliche Miteinander vom Gemeinschaftswillen Gottes (Hl. Geist) umfangen ist und daher an einem Sinngrund teilhat, den sie nicht für sich allein beanspruchen kann (vgl. LG nr. 16). Davon hat sie in und gegenüber der Welt Zeugnis abzulegen. Sie hat das entscheidend Christliche als eine Wirklichkeit zu bestimmen und zu leben, die alle Menschen verbindet.

# 4. Diakonische Kirche:
## Vom verbindend Christlichen

IN JÜNGSTER ZEIT ist es üblich geworden, von Christen zu fordern, sie sollten im Kontext sozialer und religiöser Pluralität etwas Eigenes, d. h. von den Vertretern anderer sozialer Verbände und Religionen Verschiedenes sein und sagen. Nur so gewinnen sie Profil und behaupten sie ihre Identität. Ob es um politisches Engagement oder um die Begegnung mit anderen Religionen geht, stets heißt es: Setzt Euch ab, grenzt Euch ab – nur so gewinnt ihr Konturen! Selbst im christlichen Miteinander propagiert man eine „Ökumene der Profile". Auch hier wird die Devise ausgegeben: Nur durch die Markierung von Differenzen lassen sich Originalität und Unverwechselbarkeit sichern. Identität nach innen muss durch die Feststellung einer Differenz nach außen gestärkt werden. Dem ist auf den ersten Blick nur schwer zu widersprechen.

In der Regel ist es unumgänglich, um der Identifikation zweier Größen willen einen Unterschied zwischen ihnen auszumachen. Erst danach kommen Gemeinsamkeiten zur Sprache. Es macht jedoch auf Dauer einen Unterschied, ob man bei einer Verhältnisbestimmung, die der Identifizierung dienen soll, mit einer Beziehung beider Größen beginnt oder ob die Benennung einer Verschiedenheit am Anfang steht. Ist es entscheidend christlich, das Verhältnis zu anderen über Unterschiede zu definieren? Ist das Unterscheiden überhaupt geeignet, treffsicher das Entscheidende zu erfassen?[1] Um es an einem trivialen Beispiel zu erläutern: Wenn sich Katholiken

---

[1] Vgl. hierzu bereits J. WERBICK, Vom entscheidend und unterscheidend Christlichen, Düsseldorf 1992.

von Protestanten durch Rosenkranz, Weihwasser und die Feier von Namenstagen unterscheiden, so entscheidet sich daran gleichwohl nicht, was es heißt, katholisch zu sein.

## Profilsuche: Die verfängliche Logik des Unterscheidens

Wer Unterscheidungen vornimmt, lässt sich auf eine heikle Praxis ein. Denn jede Feststellung von Unterschieden zieht weitere Unterscheidungen nach sich. Wer zwischen „groß" und „klein" unterscheidet, darf dabei nicht Halt machen. Es folgt sogleich die Fortsetzung, die Unterscheidungen steigert: „größer" und „kleiner" – „am größten" und „am kleinsten". Wer mit Unterschieden beginnt und daran die eigene Identität festmacht, tut sich bald schwer, Gemeinsamkeiten zu entdecken. Er kann immer nur angeben, was die anderen nicht sind, d. h. nicht so groß, nicht so begütert, nicht so angesehen wie er selbst. Zweifellos darf man in komplexen Gesellschaften Unterschiede nicht einfach übergehen. Sie können durchaus identitätsstiftend sein. Denn an ihnen lassen sich Selbstsein und Eigensein festmachen. Originalität und Freiheit eines Menschen haben mit seiner wohltuenden Verschiedenheit von anderen zu tun. Das heißt aber nicht, dass Unterschiede primär wohltuend und stets identitätsstiftend sind. Es kommt zunächst darauf an, wer sie vornimmt. Im Vorteil sind dabei Personen und Gruppen, welche die Definitionshoheit haben. Prekär wird es für jene, die sich von anderen sagen lassen müssen, worin sie ihnen nicht gleich sind und warum sie mit ihnen nicht gleichauf sein können. Wer nicht das ist (oder sein soll/ darf), was die anderen auch sind, kann darin einen Grund sehen, dass ihm/ihr Gleichstellung und Gleichberechtigung vorenthalten werden. Die Alltagserfahrung zeigt: Eine Betonung von Unterschieden zieht oft Unterscheidungen nach sich, die zu Asymmetrien führt. Asymmetrische Freiheit aber ist aufgehobene Freiheit.

Dass auch zwischen freien Menschen erhebliche Unterschiede bestehen, wird niemand bestreiten. Aber es kommt darauf an, diese Unterschiede an die richtige Stelle zu setzen. Falsch platziert, ziehen sie fatale Unterscheidungen nach sich. In unserer Zeit geht es auf vielen gesellschaftlichen Feldern elementar um das Problem einer möglichen wechselseitigen Wertschätzung, ohne das Moment der Verschiedenheit zu tilgen, an dem die Identität des jeweils anderen sich festmacht. Das ist der Fall bei Maßnahmen zur gesellschaftlichen Gleichstellung von Männern und Frauen, bei der Integration von Migranten oder beim interreligiösen Dialog. Geht aber beides wirklich zusammen: an identitätsbestimmenden Unterschieden festhalten und das Verschiedensein der anderen positiv würdigen? Wenn man als Christ/in stets in einer bestimmten Konfession groß wird, ist dann diese Identität nicht mit dem Bekenntnis zu einer bestimmten Bekenntnistradition verknüpft? Können darum auch Christen untereinander und gegenüber der Gesellschaft ihre Identität nur mit der Logik des Unterscheidens bestimmen?

Wer die Rede vom „unterscheidend" Christlichen gebraucht und mit der Logik des Unterscheidens das „entscheidend" Katholische bestimmen will, kann der Identitätssicherung der Kirche unversehens einen Bärendienst erweisen. Denn zur Logik des Unterscheidens gehört das Abtrennen und Sich-Absetzen. Das Verschiedene und Andere ist dabei dasjenige, was der/die andere mit dem Eigenen nicht teilt und damit nicht gemein hat. Wer diese Logik extrem ausreizt, will allen nicht in allem gleich sein, sondern gegenüber allen in allem anders sein. Das solchermaßen Unterschiedene wird dann bisweilen zum Vorwand, um Ungleichheiten zu betonen und zu pflegen. Wer derart mit Unterschieden hantiert, arbeitet je-

70

nen zu, die daraus Diskriminierungen machen.[2] Wer in und
durch den Vorgang des Ausschließens seine Identität wahren
will, verfängt sich sehr bald in den Fallstricken einer Ideologie.
Denn Ideologien bestehen zum großen Teil aus der Absicht,
ihre Anhänger durch  die Bestimmung von Unterschieden zu
anderen besser dastehen zu lassen.

## Das entscheidend Christliche

Der Ideologiefalle können Christen am ehesten dadurch entgehen, dass sie das entscheidend Christliche als dasjenige
identifizieren, das alle Menschen verbindet, eint und sie einander gleichmacht. Eben dies ist der Heilswille Gottes, der
jeden Menschen zum Adressaten einer unbedingten Zuwendung macht. Dazu gehört ebenso die Gottebenbildlichkeit aller Menschen und die Mitgeschöpflichkeit alles Lebendigen.
Die Gottebenbildlichkeit jedes Menschen begründet Gleichheit, Wert und Würde jeder menschlichen Person (vgl. GS
nr. 12, nr. 24, 29). Es ist diese Orientierung am alle Menschen
Verbindenden, das die Kirche zum Einsatz für Menschen-
rechte und ein globales Gemeinwohl motiviert (vgl. GS nr.
3, 26, 92). Dies macht das entscheidend Christliche im sozialen und politischen Kontext aus. Und die Orientierung daran
macht die Kirche unterscheidbar von sozialen und religiösen
Bewegungen, die nur partikulare Eigeninteressen vertreten
oder sich der Lobbyarbeit hingeben. Erst wenn sich die Kirche von diesen Handlungsmustern unterscheidet, ist sie „katholisch". In diesem Sinne ist das Katholische kein Be-
stimmungsmerkmal einer konfessionellen Identität, sondern

---

[2] Vgl. hierzu auch H. BUDE, Die Ausgeschlossenen. Das Ende vom Traum
einer gerechten Gesellschaft, München 2010.

ursprüngliches und unveränderliches Kennzeichen des genuin Christlichen.

Wer nur auf die Bestimmung von Unterschieden aus ist, macht das, was in der heutigen Gesellschaft alle tun, um sich zu profilieren. Und wer das macht, was alle anderen auch tun, hat schon aufgehört, sich von allen anderen zu unterscheiden. Wenn sich alle auf dieselbe Weise unterscheiden, sind sie alle auf dieselbe Weise anders – und damit einander fast schon zum Verwechseln ähnlich. Es ist entscheidend für Christen, dass sie sich auf andere Weise profilieren. Entscheidend christlich ist, anders mit Unterschieden umzugehen. Nur so setzt man in dieser Zeit ein Zeichen des unverwechselbaren Selbstseins. Christen haben zu bezeugen, dass jeder Unterschied zwischen Menschen umgriffen ist von einer je größeren Gemeinsamkeit. Christen profilieren sich mit der Herausstellung dieses allen Menschen Gemeinsamen! Auf diese Weise setzen sie in dieser Zeit auch ein Zeichen des wohltuenden Andersseins. Das neutestamentliche Bildwort vom „Licht der Welt" (Mt 5,13–16) macht dieses Andere des Christseins deutlich: Wer direkt in eine Lichtquelle schaut, wird entweder geblendet oder muss die Augen zukneifen – und sieht nichts! Erst wenn man eine Lichtquelle dazu nutzt, etwas auszuleuchten oder anzustrahlen, erfüllt sie einen wohltuenden Zweck. Ansonsten bleibt sie ein folgenloser Selbstzweck. Wenn Christen etwas ausstrahlen, dann rücken sie ihre Umwelt in ein anderes, besseres Licht. Sie machen das Beste an den anderen sichtbar – nicht an sich selbst!

Ob die Kirche in diesem Sinne „katholisch" ist, hat sie in einer spezifischen Praxis und an bestimmten Orten zu erweisen. An den Orten christlicher Caritas und über den Grundvollzug diakonischen Handelns wird am ehesten deutlich, was das entscheidend Christliche und das verbindend Katholische ausmacht. Die Kirche ist daher gut beraten, ihre zunehmend knapper werdenden Finanzmittel in caritative Einrichtungen zu investieren. Sie sind jene Orte, an denen das Evangelium öffentlich antreffbar und praktisch wird.[3] Mit dieser Empfehlung stößt man allerdings rasch auf innerkirchliche Skepsis. Manche Kirchenführer sehen darin eine Verkürzung von Wesen und Auftrag der Kirche. Wichtiger als die Linderung materieller und sozialer Not sind für sie die Verkündigung der Heilsbotschaft Jesu und die Feier des Gottesdienstes. Auf diese Bereiche sei sogar das Hauptaugenmerk zu legen, da sie die Kraftquelle jeden sozialen Engagements sind. Andere Kritiker lehnen bereits die Begriffe „Dienstleister" oder „Dienstleistungsunternehmen" ab, weil hier vorschnell und unzulässig ein ökonomischer Begriff auf eine Gemeinschaft übertragen wird, die sich doch gerade dadurch definiert, eine Alternative zur Ökonomisierung sozialen Handelns darzustellen. Als Dienstleistungs*unternehmen*

---

[3] Für diesen Ratschlag sprechen auch die Ergebnisse der Demoskopie. Die Untersuchung „Perspektive Deutschland" (McKinsey, T-Online u. a.) aus dem Jahre 2003 hat ergeben, dass die katholische Kirche zu den vertrauensunwürdigsten und verbesserungsresistentesten Institutionen gezählt wird. 45 % Prozent der Befragten gaben an, kein Vertrauen in sie zu haben. Sie gehört damit neben den politischen Parteien zu den ausgesprochen misstrauisch beäugten gesellschaftlichen Gruppierungen. Daran hat sich bis heute wenig geändert. Anders verhält es sich mit Caritas und Diakonie. Ihren Einrichtungen wird hohe Professionalität und Kompetenz zugesprochen und sie genießen daher hohes öffentliches Ansehen. Nur 9 % der Befragten gaben an, kein Vertrauen in sie zu haben, und nur 3 % waren der Meinung, sie erfüllten ihre Aufgaben schlecht. Bei der Kirche vertraten hingegen 30 % diese Auffassung. Diese Zahlen belegen eine hohe gesellschaftliche Erwartungshaltung und Wertschätzung, die sich auf die sozial-diakonischen Handlungsfelder der Kirche bezieht. Allerdings steckt in dieser Feststellung auch ein großes Problem für die Kirche: Mit seinen über 25.000 Einrichtungen und fast 500.000 MitarbeiterInnen stehen 20 mal mehr Personen im Dienst des Deutschen Caritasverbandes, als Priester, Diakone und Laien hauptamtlich im Dienst der Gemeindepastoral und der Kategorialseelsorge stehen. Die diakonischen Handlungsfelder übertreffen alle anderen an Zahl und Größe, aber vermitteln offenkundig nur marginal, dass hier Kirche als Kirche begegnet.

muss sich die Kirche offensichtlich unternehmerischen Strategien unterwerfen: Sie hat sich in Wettbewerbsorientierung zu üben, sie soll sich nach der marktwirtschaftlichen Logik von Angebot und Nachfrage den Bedürfnissen ihrer möglichen Kunden anpassen, die ihrerseits nach Nutzen/Kosten-Erwägungen entscheiden, ob sie der Marke „Kirche" treu bleiben. Das hat nicht mehr viel mit einer Kirche zu tun, die – sei's gelegen oder ungelegen – das Evangelium zu verkünden hat. Eine Kirche, die sich als Dienstleistungsunternehmen versteht, wird sich in kritischen Situationen darum zuerst Rat bei Unternehmensberatern holen, die ihnen dann klar machen, wie wichtig im Sinne der Konkurrenzfähigkeit das Herausstellen von Unterschieden, die Konzentration aufs Kerngeschäft und ein ambitioniertes Zielgruppen-Marketing sind. Wo ist die Kirche noch Marktführer, wo kann sie als Nischenanbieter Profil gewinnen?

Nun gibt es sicher auch für Theologen keinen Grund, die betriebswirtschaftlichen Instrumente der Unternehmensführung für die Kirche a priori auszuschlagen, – erst recht nicht, wenn und weil sie ein „Non-Profit-Unternehmen" ist. Es gibt keine theologischen Ausreden dafür, ein schlechtes Unternehmen dieser Art zu sein. Fehlende Gewinnerzielungsabsichten oder der Status der Gemeinnützigkeit legitimieren weder mangelnde Professionalität, noch ineffizienten Personaleinsatz oder schlampigen Umgang mit Geld. Die eigentliche Herausforderung für die Theologie besteht darin, ob sie sich einen eigenen Reim auf die Kirche als Dienstleistungsunternehmen machen kann, nachdem sich die Unternehmensberater darauf einen ökonomischen Reim gemacht haben.[4] In Fragen der Inhalte und Ziele erwarten die Unternehmensberater mit Recht, dass

---

[4] Vgl. hierzu u. a. R. v. GIESEN, Ökonomie der Kirche? Zum Verhältnis von theologischer und betriebswirtschaftlicher Rationalität in praktisch-theologischer Perspektive, Stuttgart 2009, bes. 92–164.

die Kirche selbst sagen kann, wofür sie steht und womit sie fällt. Die Kriterien hierfür sind nicht betriebswirtschaftlich, sondern theologisch zu ermitteln.

## McKinsey-Theologie

In den letzten Jahren sind allerdings etliche Bischöfliche Ordinariate den umgekehrten Weg gegangen. Sie holen sich Unterstützung bei Unternehmensberatern, die sie darin bestärkten, wie wichtig im Sinne der Konkurrenzfähigkeit das Herausstellen von Alleinstellungsmerkmalen und die Konzentration aufs Kerngeschäft sei. Für eine solche „McKinsey-Theologie" ist klar, was damit gemeint ist: die Ritualkompetenz der Kirche und das Handlungsfeld der Sakramentenpastoral, Liturgie und Individualseelsorge. Allerdings steht hinter dieser Akzentsetzung weniger Theologie als „Religionsökonomik".[5] Deren Strategievorschläge verkennen in theologischer Hinsicht, dass die kirchlichen Grundvollzüge der Liturgie, Verkündigung und Diakonie gleichrangig sind. Sie sind nicht wechselseitig ersetzbar oder auf einen Grundvollzug reduzierbar. Sie sind allesamt ebenso politisch wie spirituell anspruchsvoll. Wer dies verkennt, erliegt den Umarmungsmanövern eines politischen Establishments, das lediglich daran interessiert ist, dass die Kirche als religiöses Endlager die Problem(ab)fälle einer säkularen Welt übernimmt und spirituell neutralisiert. Auf diese Weise werden sie diskret entsorgt.

---

[5] „Einst haben die Marketing- und Werbeleute die Kirche als Lehrmeisterin bewundert und gelernt, dass sich eine Marke am besten verkauft, wenn es gelingt, sie zum Religionsersatz zu machen. Jetzt will die Lehrmeisterin von den Lehrlingen erfahren, wie man es anstellt, die Religion zum Markenersatz zu machen", K. NÜRNBERGER, Kirche, wo bist du? München [2]2001, 12.

Nicht wie man gesellschaftliche Problemfälle entsorgt, sondern wie sich menschliches Zusammenleben in Gerechtigkeit,
Solidarität und Barmherzigkeit aufbaut, steht im Zentrum praktizierter Caritas. Hier geht es um eine Form des Zusammenlebens, die menschliches Miteinander nicht als Bündnis der gegenseitigen Nutzenmaximierung begreift. Hier geht es um eine
Stilisierung der Grundwünsche und -bedürfnisse des Menschen
nach Identität und Zugehörigkeit jenseits von Leistung und
Rendite. Hier lassen sich Provokationen entdecken für die Be-
antwortung der Frage, welche Gestalt eine Gesellschaft annimmt, wenn sie der Solidarität mit den Zukurzgekommenen
und der Barmherzigkeit mit Versagern verpflichtet ist. Entscheidend christlich ist die Einsicht, dass die Kleinen nicht weniger
systemrelevant sind als die Großen. Darum ist auch Protest anzumelden, wenn in Zeiten der Finanz- und Wirtschaftskrise die
Kategorie der „Systemrelevanz" den Begriff des Gemeinwohls
ersetzt oder ablöst. Wenn Banken so groß geworden sind, dass
man sie ihrer bloßen Größe willen und nicht wegen ihrer damit
verbundenen Gemeinwohlfunktion mit Milliardenbeträgen
stützen muss, gibt die Politik – aus christlicher Sicht – ein wichtiges Subventionskriterium preis und dient auf lange Sicht primär dem Eigenwohl der betroffenen Banken.

Eine „McKinsey-Theologie" wird an dieser Stelle jedoch daran erinnern, dass moderne Gesellschaften nach eigenen und
anderen Gesetzen funktionieren, denen sich die Kirche nicht
entziehen kann. Konstitutiv für moderne Gesellschaften ist in
dieser Sicht ihre funktionale Differenzierung: Wir leben in einer
Gesellschaft mit verteilten Zuständigkeiten. Die Zuständigkeit
für die Verteilung von Aufgaben und Zuständigkeiten liegt aber
nicht bei der Kirche. Vielmehr wird sie von Staat und Gesellschaft dem Teilsystem „Religion" zugewiesen und übernimmt
darin die Aufgabe der sozialen wie individuellen Kontingenzbe-
wältigung: also die Einschränkung des Risikos, durch die Kata-

strophen des Lebens enttäuscht zu werden. Religion gilt als Regulierer für humanitäre Schadensfälle, die in den anderen Teilsystemen anfallen. Die Kompetenz des Religiösen besteht, wenn man es funktional betrachtet, in der Kompensation, und darum besteht die Aufgabe einer gesellschaftlich relevanten Kirche in der Kompensation von Politik- und Ökonomieversagen. Damit ist jedoch zugleich eine gesellschaftliche Marginalisierung der Kirche zementiert. Je erfolgreicher die anderen Teilsysteme sind, umso weniger ist das Teilsystem „Religion" gefragt.

Gegen dieses Abdrängen hat sich die Kirche für geraume Zeit mit Erfolg wehren können. Sie hat dem Prozess der funktionalen Differenzierung insofern ein Schnippchen geschlagen, als sie ihn kirchenintern wiederholt und ihrerseits Teilsysteme hervorbringt, die mit den anderen säkularen funktionalen Teilsystemen in Austausch und Konkurrenz treten können. Auf diese Weise wird die Kirche resonanzfähig für Strukturen und Prozesse der Gesamtgesellschaft. Allerdings muss sie ihrerseits hinnehmen, dass in ihrem Binnenraum relativ unabhängige, nach jeweils eigener Logik und Kompetenz arbeitende Handlungsbereiche entstehen, die untereinander auf Distanz gehen. Auf diese Weise koexistieren in Deutschland mehrere Organisationsformen von Kirche. Da gibt es eine in der sozialen Lebenswelt angesiedelte Gemeindekirche, welche die religiöse Primärsozialisation übernimmt. Daneben gibt es den kirchlichen Bildungsbereich, der z. B. kirchliche Schulen und Akademien umfasst, und eben auch den Bereich der verbandlichen Caritas. Sie hat auf vielen Feldern die Organisationsform eines Wohlfahrtsverbandes bzw. sozialwirtschaftlichen Unternehmens angenommen, die sie kompatibel machen mit sozialstaatlichen und marktwirtschaftlichen Strukturen. Allein in diesen Organisationsformen lassen sich effizient die ersten beiden Grundaufgaben der Caritas erfüllen: 1. Anwalt der Benachteiligten zu sein und als zivilgesellschaftlicher Akteur an

der Gestaltung und Sicherung des sozialen Rechtsstaates mit-
zuwirken, und 2. in ambulanter, teilstationärer und stationärer
Form in den Sektoren Soziales, Gesundheit und Bildung pro-
fessionelle Dienstleistungen zu erbringen.

Es zeugt von wenig Realitätssinn, wenn vor diesem Hintergrund aus den Leitungsetagen der Kirche, die um das katholische Profil der Caritas besorgt sind, die Forderung nach Re-
Integration von Caritas und Gemeinde erhoben wird und man
verlangt, die Gemeinde solle diakonischer, die Caritas kirchlicher werden.[6] Hinter dieser Vorstellung steht ein doppeltes
Missverständnis: Zum einen wird soziologisch verkannt, dass
der Prozess funktionaler Differenzierung, Spezialisierung und
Professionalisierung nicht einfach unterlaufen werden kann.
Er steht auf lange Sicht für die Bestandsvoraussetzungen und
Erfolgsbedingungen moderner Gesellschaften. Dies zu ignorie-
ren bringt die Kirche nur weiter ins soziale Abseits. Das bedeutet umgekehrt gerade nicht, dass die Kirche im Strom der ge-
samtgesellschaftlichen Entwicklung einfach „mitschwimmen"
soll. Sie ist vielmehr aufgerufen, darin ihren eigenen Kurs zu
halten. Um es in einem „nautischen" Gleichnis zu sagen: Wer
sich in einem Boot auf einem Fluss mit hoher Strömungs-
geschwindigkeit oder auf sturmgepeitschter See befindet, bleibt
nicht durch Bremsversuche manövrierfähig, sondern kann allein durch zusätzliche Antriebe, durch die das Boot schneller
wird als die Strömung, den Kurs halten.[7] – Hinzu kommt ein
theologisches Missverständnis. Es resultiert aus der Vorstellung, dass der ideale Christ ein Gemeindechrist sein müsse,
weil die Gemeinde die ideale Sozialform von Christentum

---

[6] Vgl. zu dieser Debatte H. MANDERSCHEID/J. HAKE (Hg.), Wie viel Caritas braucht die Kirche – wie viel Kirche braucht die Caritas? Stuttgart
²2006.
[7] Vgl. E. BISER, Die glaubensgeschichtliche Wende, Graz/Wien/Köln
1986, 10.

und Kirche sei. Seit den 1970er Jahren wurde in der Pastoral-
theologie die Option vertreten, die Gemeinde sei der Ort, an
dem alle kirchlichen Grundvollzüge zu realisieren seien: Verkündigung, Liturgie und eben auch Diakonie. Inzwischen ist
evident, dass damit sowohl personell, als auch finanziell und
strukturell angesichts gestiegener Anforderungen an die Trägerschaft sozialer Einrichtungen eine Selbstüberforderung der
Gemeinden programmiert ist. Hier wird eine scheinbar unstrittige theologische Option, dass Caritas eine Grundfunktion
der Kirche(ngemeinde) ist, kontraproduktiv. Sie führt zu Konsequenzen, die man nicht ernsthaft wollen kann. Was hingegen
denkbar, wünschbar und machbar ist, sind Vernetzungen und
Kooperationen gemeindlicher und verbandlicher Caritas. Ihr
Verhältnis ist vor allem nach dem Subsidiaritätsprinzip aus-
zugestalten. Gemeindenah sind alle ehrenamtlichen und zeit-
lich überschaubaren Initiativen – von der Hausaufgabenhilfe
über den Besuchsdienst für das örtliche Altenheim bis zur
Lehrstellenbörse. Aber bereits dort, wo sich eine Gemeinde
entschließt, ein Kirchenasyl für abschiebebedrohte Kriegs-
flüchtlinge einzurichten, wird sie juristische Beratung und politische Lobbyarbeit von außen benötigen. Eine umfangreiche
Rückverlagerung der Aufgaben verbandlicher Caritas in den
Gemeindekontext wird dagegen zu einem Verlust an Professionalität führen. Mangelnde Professionalität aber zerstört jede
Effizienz und bleibt gerade den Adressaten kirchlicher Caritas
etwas ebenso Elementares wie Entscheidendes schuldig.[8]

Wichtige und richtige theologische Akzente bei der Über-
prüfung von Kirchenstrukturen werden nicht selten falsch gesetzt. Eine unstrittige theologische Option, die undifferenziert

---

[8] Vgl. in diesem Kontext K. GABRIEL, Caritas und Sozialstaat unter Ver-
änderungsdruck, Münster 2007; DERS. (Hg.), Herausforderungen kirchlicher Wohlfahrtsverbände, Berlin 2001.

praktiziert wird, führt zu einer Selbstbehinderung der Kirche bei dem Bemühen, das Evangelium gesellschaftlich zur Geltung zu bringen. Am Ende kann es dazu führen, dass besonders effiziente und erfolgreiche Akteure problematischen Steuerungsimpulsen ausgesetzt und um ihre Wirkung gebracht werden. Davon betroffen sind nicht nur die klassischen Felder der Sozialarbeit[9], sondern auch der Bereich der kulturellen Diakonie.[10]

## Soziale und kulturelle Diakonie

Mit Kultur ist das Projekt verbunden, die Welt „bewohnbar" zu machen. Mit ihr ist das Versprechen verbunden, jene Nachteile und Einschränkungen zu überwinden, die dem Menschen von Natur aus gegeben sind. Sie strebt den Ausgleich jener Ungerechtigkeiten an, die aus der Lotterie der Gene entstehen. Nicht jeder zieht dabei ein großes Los. Kultur bekämpft naturwüchsige Chancenungleichheit. Auch diakonisches Handeln steht im Dienst des Humanum. Es findet sich nicht mit schicksalhaftem Unglück ab – und auch nicht mit strukturellen oder institutionellen Behinderungen des Menschseins.

Kulturelle Diakonie nimmt das Versprechen auf, dass wir uns in der Welt mehr als nur den Tod holen können. Sie beteiligt sich an der Bestimmung von Werten, die es wert sind, dafür auch ein endliches Leben zu investieren. Sie beteiligt sich an der Suche nach Gründen, wie man eine Welt annehmen kann, in der es zu viel Negatives gibt, das ohne Wenn und Aber unannehmbar ist. Hier geht es um die Ausbildung von

---

[9] Zum Ganzen siehe auch H. Haslinger, Diakonie. Grundlagen für die soziale Arbeit der Kirche, Paderborn 2009.

[10] Eine instruktive Auflistung kirchlicher Aktivitäten auf diesem Feld findet sich in: Kirche und Kultur (Dokumentation des Studientages der Herbst-Vollversammlung der Deutschen Bischofskonferenz), Bonn 2007.

„Lebenskönnerschaft", also um jenes Vermögen, womit man gekonnt auf die Herausforderungen des Lebens einzugehen vermag. Dazu braucht man Vorbilder und Modelle, wie man eines endlichen Lebens froh werden kann. Gefragt sind Leitbilder, die zeigen, wie es gut gehen könnte, ein Mensch zu sein, – und wie das Leben gut „ausgehen" könnte. Gesucht sind Antworten auf die Frage, woran wir Maß nehmen können, wenn wir Maßstäbe unseres Wollens und Tuns entwickeln wollen.

Aus diesen Andeutungen ist herauszuhören, dass es sich um die klassischen Bildungsfragen handelt. Die Ausbildung von Leitbildern solcher „Lebenskönnerschaft" ist eine Kernaufgabe kultureller Diakonie. Unternehmensberater machen deren Bedeutung meist für die Organisationsentwicklung und das Selbstverständnis von Institutionen fest. Kulturelle Diakonie gehört aber auch ins Zentrum der Selbstorganisation von Individuen, die nicht davon ablassen wollen, in einer Zeit intensiver „Außenleitung" dennoch ein eigener Mensch zu bleiben.

Es gehört zu den Besonderheiten funktionaler Differenzierung, dass die Aufgabe der Wertevermittlung, der kulturellen Selbstverständigung einer Gesellschaft und der Ausbildung individueller Lebenskönnerschaft dem Teilsystem „Bildung" zugewiesen wurde. Und es gehört zu den Vorteilen kircheninterner, funktionaler Differenzierung, in diesem Feld professionell präsent zu sein. Mit der Gründung eines eigenen Bildungsbereiches, der sich als Ausdruck sozialer und kultureller Diakonie versteht, ist man einerseits drin im säkularen System „Bildung" und hat gerade deswegen die Chance, auf dessen Regelwerk Einfluss zu nehmen. Und zugleich kann man andererseits in wichtigen Punkten auf Distanz gehen und Alternativen herausbilden.

Dass es Bildungswerke, Akademien, Schulen und Hochschulen in kirchlicher Trägerschaft gibt, ist ebenfalls Ausdruck kultureller Diakonie. Und wenn etwa katholische Fachhochschulen die Studiengänge Soziale Arbeit, Pflegemanagement und Gesundheitswesen einrichten, ist dies ein Indikator für das entscheidend Christliche kultureller Diakonie: Kulturelle Diakonie steht im Dienst sozialer Diakonie. Erforscht werden soziale Ungleichgewichtigkeiten, biografische Krisen an Leib und Seele und deren Therapiemöglichkeiten – aber nicht mit einem Anwendungsbezug, der nur bei den Symptomen geminderter Lebensqualität im Privaten ansetzt; damit würde man der sozialen Diakonie einen Bärendienst erweisen. Erst wenn auch darüber geforscht wird, welche strukturellen Ursachen hinter den Behinderungen und Beeinträchtigen individuellen Wohlergehens stehen, wird soziale Diakonie ihrem Namen und ihrem Auftrag gerecht. Was hilft es den vielen barmherzigen Samaritern und ihren Schützlingen in der Kirche, wenn nicht die Strukturen der Erniedrigung und Demütigung, der Behinderung und Ausnutzung durchschaut und beseitigt werden?

Mit der Selbstanwendung der Prinzipien funktionaler Differenzierung muss die Kirche allerdings ihrerseits hinnehmen, dass auch in ihr selbst relativ unabhängige, nach jeweils eigener Logik und Kompetenz arbeitende Handlungsbereiche entstehen. Bei kirchlichen Hochschulen z. B. ist dabei die Anerkennung der Wissenschaftsfreiheit unabdingbar; denn wenn Christen zur Freiheit befreit sind, dann schließt das eben auch die Freiheit von Forschung und Lehre ein. Außerdem muss die Kirche akzeptieren, dass in ihrem Binnenraum die Verteilung von Zuständigkeiten dazu führt, dass die einzelnen Bereiche untereinander auf Distanz gehen. Diese Situation wird innerkirchlich zunehmend als problematisch empfunden. Exemplarisch wird dies an zwei, auf den ersten Blick einsichtigen Forderungen an die kirchliche Caritas deutlich: Die erste Forderung bezieht sich auf ihren missionarischen Charakter. Die zweite richtet sich an die Kirchlichkeit ihrer MitarbeiterInnen bzw. auf die Kirchennähe ihrer Klienten. Beide gehen aus dem Gedanken hervor, dass dem caritativen Engagement der kirchliche Charakter anzusehen sein muss: Es muss erkennbar sein, dass das caritative Engagement in erster Linie durch das Evangelium und die christlich motivierte Nächstenliebe inspiriert ist und dass diese Barmherzigkeit um des Evangeliums willen erfolgt. Gegen diese Forderung und die daraus abgeleiteten Folgerungen sind jedoch theologische Bedenken anzumelden.

## Unverzweckte Zuwendung

Der Versuch, den kirchlichen Grundvollzug der Diakonie missionarisch aufladen oder instrumentalisieren zu wollen, widerstreitet elementar dem Kerngedanken christlicher Caritas. Entscheidend christlich ist das Geschehen absichtsloser, unverzweckter Zuwendung. Kirchliches Handeln muss sich vom Gedanken der Caritas her definieren – und nicht umgekehrt. Nicht anders spricht auch das II. Vatikanische Konzil von der Sendung der Kirche: „So ist die Kirche, auch wenn sie zur Erfüllung ihrer Sendung menschlicher Mittel bedarf, nicht gegründet, um irdische Herrlichkeit zu suchen, sondern um Demut und Selbstverleugnung auch durch ihr Beispiel auszubreiten. Christus wurde vom Vater gesandt, ‚den Armen frohe Botschaft zu bringen, zu heilen, die bedrückten Herzens sind' (Lk 4,18), ‚zu suchen und zu retten, was verloren war' (Lk 19,10). In ähnlicher Weise umgibt die Kirche alle mit ihrer Liebe, die von menschlicher Schwachheit angefochten sind, ja in den Armen und Leidenden erkennt sie das Bild dessen, der sie gegründet hat und selbst ein Armer und Leidender war. Sie müht sich, deren Not zu erleichtern, und sucht Christus in ihnen zu dienen" (Lumen gentium, nr. 8). Wesen und Auftrag der Kirche werden hier über den Vollzug der Diakonia definiert. Sein Erkennungsmerkmal ist die Option für die Armen und Leidenden.

Die Kirche verdient nur so viel theologische Beachtung, wie sie sich in den Dienst genommen weiß für die Sache Gottes. Nur aus diesem Grund steht sie im Glaubensbekenntnis. Das Christentum vertritt die Überzeugung, dass im Leben Jesu von Nazaret deutlich geworden ist, was die Sache Gottes ist: Ohne Vor- und Nachbedingungen zu stellen und ohne an menschlichen Qualitäten Maß zu nehmen, will Gott das Heil und Leben aller Menschen. Dieses Heil besteht in der Zuwendung Gottes zum Menschen, die den Tod überdauert. Dies ist die Summe und das Zentrum der Verkündigung Jesu, die er mit seinem Leben und Sterben bezeugt. Sache der Kirche ist es, in der Nachfolge Jesu diesen Lebens- und Heilswillen Gottes gesellschaftlich real präsent zu machen.

Wenn die Wirklichkeit Gottes als Ereignis unbedingter Zuwendung offenbar werden soll, kann dies angemessen nur im Geschehen unbedingter Zuwendung (zum Menschen) erfolgen. Gottes unbedingte Zuwendung lässt sich angemessen nur bezeugen in einer Praxis, die das vollzieht, was sie bezeugt. Genau dies sind Zweck und Auftrag der Kirche. Sie taugt zu nichts, wenn sie untauglich ist, Zeichen zu setzen für die Nähe Gottes. Was also die Kirche ist, kann nicht als zusätzliche formale Bestimmung neben die Sache treten, um die es ihr geht. Ihre Identität besteht darin, Ort und Geschehen der Begegnung mit dem unbedingten Heilswillen Gottes in der Weise unbedingter Zuwendung zum Menschen zu sein. Nichts anderes bedeutet im Grunde „diakonia" – das ist der Dienst, den die Kirche zu erfüllen hat.

Kein anderes kirchliches Dokument hat diesen Sachverhalt so deutlich herausgestellt wie die Enzyklika „Deus caritas est" (2006) von Papst Benedikt XVI. Nirgendwo ist bisher deutlicher gesagt worden, dass die Kirche theologisch zu bestimmen ist als Sakrament der Einheit von Gottes- und Nächstenliebe. Beide sind miteinander verschränkt und „gehören so zusammen, dass die Behauptung der Gottesliebe zur Lüge wird, wenn der Mensch sich dem Nächsten verschließt" (DCE nr. 16). Gottes- und Nächstenliebe stehen nicht zueinander im Verhältnis von Grund und Folge, sondern schließen sich wechselseitig ein. Caritas ist daher keine Art von Wohlfahrtsaktivität, welche die Kirche auch anderen Akteuren überlassen könnte, sondern „unverzichtbarer Wesensauftrag ihrer selbst" (nr. 25). Die Zuwendung zu den Leidenden ist nicht etwas Nachträgliches, sondern konstitutiv für das Kirchesein.

Was für die Bestimmung der unbedingten Zuwendung zum Nächsten ausschlaggebend ist, markiert auch ein „Alleinstellungsmerkmal" kirchlicher Caritas, um das heute vielerorts heftig gerungen wird. Wie bringt man das entscheidend Christliche zur Geltung? Muss hinter dem caritativen Engagement nicht ein religiöses Zeugnis und eine Einladung zum Glauben sichtbar werden? Die Antwort des Papstes ist eindeutig: „Wer im Namen der Kirche karitativ wirkt, wird niemals dem anderen den Glauben der Kirche aufzudrängen versuchen. Er weiß, dass die Liebe in ihrer Reinheit und Absichtslosigkeit das beste Zeugnis für den Gott ist, ... Der Christ weiß, (...) dass Gott Liebe ist (vgl. 1 Joh 4,8) und gerade dann gegenwärtig wird, wenn nichts als Liebe getan wird" (nr. 31). In diesem Sinne kann tätige Nächstenliebe auch niemals das Zeugnis des Glaubens verdunkeln. Das entscheidend Christliche besteht im „umsonst" der Liebe, d. h. in ihrer Voraussetzungs- und Absichtslosigkeit. Sie ist kein Mittel, um damit andere Ziele als die Freiheit und das Wohl der anderen zu erreichen.[11] Sie steht damit auch nicht im Dienst der Missionierung. Kein neutestamentlicher Schlüsseltext lässt eine sol-

---

[11] Vgl. auf dieser Linie auch die Verlautbarung der deutschen Bischöfe „Berufen zur caritas" (hrsg. vom Sekretariat der Deutschen Bischofskonferenz), Bonn 2009.

che Deutung zu – weder die Geschichte vom „Barmherzigen Samariter" noch die Endgerichtsrede Jesu im Matthäus-Evangelium (Mt 15,31–46).

## Kirche heute: kleiner, aber nicht kleinlicher werden!

Wenn dort, wo scheinbar „nur" die Liebe getan wird, bereits die Liebe Gottes bezeugt wird, sollte auch die Frage nach der geforderten „Kirchlichkeit" der verbandlichen Caritas und ihrer MitarbeiterInnen sehr behutsam und differenziert angegangen werden. Die Enzyklika verlangt für ihr Tun die „Zuwendung des Herzens": Für alle, die in den caritativen Organisationen der Kirche tätig sind, muss es kennzeichnend sein, dass sie nicht bloß auf gekonnte Weise das jetzt Anstehende tun, sondern sich „dem andern mit dem Herzen zuwenden, sodass dieser ihre menschliche Güte zu spüren bekommt" (DCE nr. 31a). Bei der Auswahl kirchlicher Mitarbeiter muss diese „Herzensbildung" der erste Prüfstein und die erste Qualifizierungsmaßnahme sein, die man ihnen angedeien lässt. Im Übrigen stellt es ein theologisches (und soziologisches!) Missverständnis dar, die Kirchlichkeit eines Verbandes allein über die Addition der je individuellen Kirchlichkeitsgrade seiner Angestellten feststellen oder sichern zu wollen. Sie bemisst sich weitaus stärker nach dem Leitbild, den „Unternehmensentscheidungen" und den strukturellen Vorgaben für das Verhalten der MitarbeiterInnen.[12]

Bisher hat die zitierte Passage der Enzyklika in der Debatte um die Neuausrichtung des sozialen Engagements der Kirche angesichts knapper Finanzmittel kaum eine Rolle gespielt. Ver-

---

[12] Vgl. ausführlicher hierzu N. Schuster, Kursbuch Management und Theologie. Führen und leiten als spirituelle und theologische Kompetenz, Freiburg i. Br. 2008; J. Reber, Spiritualität in sozialen Unternehmen, Stuttgart 2009.

trägt es sich mit der „Universalität der Liebe" (DCE nr. 25), wenn es z. B. für die Weiterführung kirchlicher Kindergärten und Schulen einer Mindestquote von Katholiken bedarf, die sie besuchen? Die Enzyklika ist in dieser Frage eindeutig: Christliche Caritas lebt davon, dass sie nicht kalkuliert, wem sie einen Dienst erweist. Sie hält sich frei von Bedingungen und Hintergedanken. Sie bedient kein Klienteldenken. Die Kirche mag angesichts sinkender Mitgliedszahlen kleiner werden. Sie kann es sich aber vom Evangelium her nicht erlauben, in Fragen des sozialen Engagements kleinlicher zu werden.

Außerdem wird bei der aus Sparzwängen mancherorts verordneten Katholikenquote in Kindergärten von der Kirche eine große Chance vertan, um ein solidarisches Miteinander von Christen und Nichtchristen von „klein auf" einzuüben. Hier wird die einmalige Möglichkeit ausgelassen, ein produktives Vorbild für das Sicheinüben der Gesamtgesellschaft in eine Situation ethnischer und religiöser Vielfalt zu entwickeln. Für die Zukunft der Kirche wird viel davon abhängen, ob sie eine solche Vorbildfunktion wahrnehmen will. Weit entfernt davon bewegt man sich mit der Vorstellung, dass katholische Kindergärten zunächst und zuerst für katholische Kinder vorgesehen seien. Und wenn diese ausblieben – der Geburtenmangel und die künstliche Empfängnisverhütung sind natürlich schuld –, dann müsse man eben überzählige Kapazitäten abbauen. Im Blick auf das, was kirchliche Caritas ausmacht, belegt dieser Rückzug der Kirche ein groteskes Missverständnis. Caritas bietet Fremden eine Heimat an und hält es aus, wenn diese ihr Anderssein nicht aufgeben wollen. Nicht zuletzt: Beim Abschied aus der staatlichen Schwangerenkonfliktberatung hatte man versprochen, den Müttern auch nach ihrer Entscheidung für ihr Kind tatkräftig zur Seite zu stehen. Vielerorts wurden bischöfliche Fonds und Stiftungen gegründet und die Kirchenbasis um großzügige Spenden gebeten. Steht die flächendeckende Schließung von Kindergärten im Einklang mit dem damals gegebenen Versprechen?[13]

Für die Kirche ist theologisch entscheidend, ob in ihren Einrichtungen die Option für die Benachteiligten umgesetzt wird. Kirchliche Einrichtungen der sozialen und kulturellen Diakonie stellen ihren Mitarbeiterinnen und Mitarbeitern keine Bedingungen, sondern erheben Ansprüche. Bei Bedingungen genügt es, sie einmal erfüllt zu haben; Ansprüchen muss man auf Dauer gerecht werden und sich an ihnen messen lassen. Allem voran steht der Anspruch der Professionalität und fachlichen Qualität im Blick auf das Leitbild sozialer und kultureller Diakonie. Man muss sein fachlich Bestes geben wollen, um der Option für die Benachteiligten gerecht zu werden. Hier reicht es nicht, das Herz auf dem rechten Fleck zu haben oder das passende Gesangbuch zu besitzen …

Das gilt auch für kirchliche Schulen und Hochschulen. Lehrende wie Studierende haben nicht zuerst bestimmte Kirchlichkeitsbedingungen zu erfüllen, sondern sich zunächst bestimmten Ansprüchen an die fachliche Exzellenz zu verpflichten. In gewissen Kirchenkreisen möchte man die Reihenfolge anders sehen – um den Preis, dass man zum einen nicht verstanden hat, was das Spezifikum auch der kulturellen Diakonie ist: der Anspruch der Unbedingtheit und Voraussetzungslosigkeit des eigenen Einsatzes. Und zum anderen verkennt man, was das Ziel wissenschaftlicher Arbeit und Ausbildung sein kann: Wer ein exzellentes Studium der Rechtswissenschaft absolviert, muss am Ende nicht zwangsläufig gerechter sein, sondern wird besser wissen, was Recht und Gerechtigkeit sind. Wer ein exzellentes Medizinstudium absolviert, wird am Ende nicht gesünder sein, sondern besser wissen, was Gesundheit ist. Und wer ein ex-

---

[13] Zu weiteren Beispielen kontraproduktiven Handelns siehe P. M. ZULEHNER, Kirche umbauen – nicht totsparen, Ostfildern 2005.

zellentes Studium an einer katholischen Hochschule absolviert, wird am Ende nicht „katholischer" sein, sondern besser wissen, was das entscheidend Christliche ist. Und je besser man das weiß, umso eher wird man es unterscheiden können von dem, wodurch sich das Christliche von anderen Lebensentwürfen und Menschenbildern zwar unterscheidet, ohne dass sich daran aber entscheidet, was genuin christlich ist.

## Diakonisches Handeln jenseits der Caritas

Wenn Wesen und Auftrag der Kirche über den Vollzug der Diakonia zu definieren sind, dann ist die Dimension der Diakonie nicht nur auf *einen* Grundvollzug der Kirche zu begrenzen. Vielmehr formatiert sie alle übrigen Vollzüge – auch die Verkündigung und die Liturgie, die Dogmatik und die Moral der Kirche. Sie fordert dazu auf, gegen einen wachsenden Rigorismus in der Sakramentenpastoral anzugehen; sie drängt auf eine Kultur der Barmherzigkeit im Umgang mit Menschen, die in tragische Konflikte verstrickt sind, bei denen angesichts der Wahl zwischen zwei Übeln jede mögliche Entscheidung sie in einen Dissens zu kirchlichen Normen bringt. Sie drängt darauf, auch nicht nachzulassen im Bereich einer Politischen Diakonie, wenn es um die Sicherung der Sinn- und Wertressourcen des Humanum geht. In diesen Kontext gehört auch die Debatte, auf welche ideellen Voraussetzungen ein demokratisches Gemeinwesen angewiesen ist, die der Staat selbst nicht garantieren kann, und ob das Christentum als vorpolitische Ressource zur Erfüllung der Erhaltungsbedingungen einer an den Menschenrechten orientierten liberalen Demokratie einen Beitrag leisten kann.[14] Hier ist die

---

[14] Besonderen Auftrieb hat die Debatte durch die anlässlich der Verleihung des Friedenspreises des Deutschen Buchhandels gehaltene Rede

Kirche gefragt, wie sie ihrem Verhältnis zur Bürgergesellschaft und zum Staat Konturen einer „politischen Diakonie" sichtbar machen kann. Dabei hat sie sich auch mit der Skepsis auseinanderzusetzen, ob die „Bürgergesellschaft" wirklich ein sozialer Kontext ist, der die sozio-kulturelle Selbstbehauptung des Christentums begünstigt. Manche Kritiker sehen hier die öffentliche Antreffbarkeit auf die Bestände eines Kulturchristentums, auf das Bedürfnis der religiösen Dekoration von Lebenswenden oder der rituellen Bewältigung kollektiver Krisen reduziert. Ist die öffentliche Darstellung religiöser Symbolik das letzte Mittel politischen Krisenmanagements in Situationen, wo etwa angesichts „humanitärer Katastrophen" das profane Trauer- und Kondolenzvermögen am Ende ist? Ist eine solche Form der „Ritendiakonie" evangeliumsgemäß?

Wenn gesellschaftlich nicht mehr „rüberkommt" als die Schwundformen christlicher Symbolik und Dogmatik, ist die (Selbst)Säkularisierung der Kirche in der Tat nur aufgeschoben, aber nicht aufgehoben. Aber gerade um ihrer Funktion willen, Öffentlichkeitsarbeit für das Evangelium zu leisten und die Chancen für seine gesellschaftliche Antreffbarkeit zu erhöhen, darf die Kirche ihre soziale und kulturelle Diakonie nicht auf traditionelle Formen milieugebundenen Zusammenseins und vereinshafter Geselligkeit beschränken. Sie muss sich vielmehr einlassen auf die Pluralität der Lebenswelten. Allein eine Pluralisierung und nicht die Vereinheitlichung der Sozialformen des Christseins sichert die sozio-kulturelle Präsenz des Christentums.

---

von J. HABERMAS, Glauben und Wissen, Frankfurt a. M. 2001, erhalten. Für Habermas würde es in einer „postsäkularen" Gesellschaft, „die sich auf das Fortbestehen religiöser Gemeinschaften in einer sich fortwährend säkularisierenden Umgebung einstellt" (13), einen unfairen Ausschluss der Religion aus der Öffentlichkeit bedeuten und sich die Gesellschaft von wichtigen Ressourcen der Sinnstiftung abschneiden, wenn sie sich keinen Sinn für die Artikulationskraft religiöser Sprachen bewahrt.

# 5. Missionarische Kirche: Neue Formen kirchlicher Präsenz im Säkularen

In den Städten der Moderne gibt es mehr Menschen, die Christen sind, waren oder es werden könnten und außerhalb der Kirchengemeinden leben, als ihre frommen Schwestern und Brüder, die innerhalb der pfarrlich umgrenzten Kirchenbezirke angetroffen werden. Manche von ihnen tauchen gelegentlich als Zaungäste bei niederschwelligen Veranstaltungen auf. Meist aber ziehen sie es vor, mit ihren religiösen Interessen, Sorgen und Sehnsüchten in Distanz zu den christlichen Gotteshäusern zu leben. Als religiös Obdachlose rechnen sie meist nicht mehr damit, hinter diesen Mauern etwas anderes zu finden als die oberhirtliche Verwaltung einer rigiden Moral und einer lebensfernen Glaubensdoktrin. Das wirkliche und eigentliche Leben spielt sich für sie vor diesen Gebäuden ab, vor ihren oft leeren Räumen und vor ihren verschlossenen Türen. Sie suchen einen Glauben, der sich auf die Straßen und Plätze der Städte traut. Allerdings werden gerade diese Orte kirchlicherseits oft gemieden, denn hier gelten nicht die Regeln des Sakralen, sondern des Säkularen. Wo das Urbane dem Religiösen Raum gibt, bestimmen die Bedingungen der Säkularität über die Präsenz des Religiösen. Aber es ist höchst fraglich, ob ein Zusammenkommen von Säkularität und Religiosität im Urbanen auf Dauer Bestand haben kann. Wirkt das Religiöse im Säkularen nicht wie ein Fremdkörper? Und kann das Säkulare im Religiösen mehr als Befremden auslösen?

## Säkularität – Modernität – Religiosität

In der Debatte um die Zukunft der Kirche stehen zwei Fragen im Zentrum: Ist die Kirche wirklich in der Moderne schon angekommen? Ist die Moderne schon in der Kirche angekommen?[1] Nur vordergründig handelt es sich dabei um einen Verträglichkeitstest von Kirchenstrukturen mit modernen Sozialstrukturen oder um die Demokratiefähigkeit der Kirche. Dahinter steht vielmehr das grundsätzliche Problem einer Verhältnisbestimmung von Säkularität und Religiosität. Geht man von einem Ausschlussverhältnis oder von einer unaufhebbaren Unverträglichkeit von Modernität und Säkularität einerseits sowie Religiosität und Kirchlichkeit andererseits aus, erübrigen sich auf den ersten Blick umständliche Erkundigungen. Zahlreiche Philosophen, Sozialtheoretiker und Historiker haben lange Zeit das Verhältnis von Religion und Moderne als eine Mesalliance gedeutet: Es handelt sich für sie um eine unglückliche Verbindung zweier Partner, die nicht zueinander passen. Am besten sollte man sie durch eine baldige Scheidung beenden. Spätestens die Scheidungsurkunde dürfte die Modernitätsunverträglichkeit der Religion und die Religionsunverträglichkeit der Moderne definitiv feststellen. Besonders radikale Stimmen wollten auf das Ergebnis eines sich hinziehenden Scheidungsprozesses jedoch nicht warten. Sie fürchteten, dass die Religion auf einen teuren Vermögensausgleich klagen könnte. Besser wäre es, sofort Schluss zu machen. Eine Zuge-

---

[1] Vgl. zu dieser Debatte F.-X. Kaufmann, Kirchenkrise. Wie überlebt das Christentum? Freiburg/Basel/Wien 2011, 73–127; H. Küng, Ist die Kirche noch zu retten? München 2011; H. Häring, Freiheit im Haus des Herrn. Vom Ende der klerikalen Weltkirche, Gütersloh 2011; F. Hengsbach, Gottes Volk im Exil. Anstöße zur Kirchenreform, Oberursel 2011; H. Koch, Die Kirche und ihre Tabus. Die Verweigerung der Moderne, Düsseldorf 2006.

winngemeinschaft seien Religion und Moderne ohnehin nicht. Und gemeinsame Nachkommen hätten sie auch nicht. Darum der Appell: Schluss jetzt!

Für eine Zukunft ohne Religion machen sich seit einigen Jahren ein wiedererstarkter, polemischer Atheismus und eine rigorose Religionskritik stark. Ihr gemeinsames Motiv ist die Bestreitung von Unterscheidungen, die man geraume Zeit für ebenso prinzipiell wie unaufgebbar gehalten hatte: die Unterscheidung zwischen Gott und Welt, zwischen Glaube und Vernunft, zwischen Transzendenz und Immanenz, zwischen säkular und sakral. Es handelt sich für die Kritiker der Religion um diskriminierende Unterschiede, da sie immer zu Ungunsten des Irdischen und Säkularen ausfallen. Die Alternative besteht darin, dass endlich das Weltliche zum gegensatz- und alternativenlosen Inbegriff dessen wird, was ist und sein kann. Fortan soll die Welt alles sein, was der Fall ist. Und was *in* der Welt ist, muss auch *von* der Welt sein. Was früher einem Jenseits zugehörig schien, wird zum Bestand des Diesseits gezählt – oder es bleibt ortlos, funktionslos, bedeutungslos. Dem Ort-, Funktions- und Bedeutungslosen wird man nicht nachtrauern. Man wird es nicht einmal vermissen.

Diese Prognose ist die Wiederauflage einer in der Moderne gehegten Überzeugung, man müsse alles Religiöse hinter sich lassen, wenn es mit dieser Welt vorangehen solle. Aber längst ist erwiesen, dass auch das Versprechen einer religionslosen Zukunft viel zu wünschen übrig lässt. Sind die unstrittigen Krisen der Moderne nicht gerade Krisen ihrer Säkularität – und eben nicht die Folge religiöser Daseinsorientierung? Vielleicht ist gerade die Forderung, dass die Moderne alles Religiöse hinter sich lassen soll, eine moderne Illusion, von der die Moderne loskommen muss, wenn sie an ihren Projekten festhalten will. Denn längst ist erwiesen: Eine ständig weiter ausgreifende Naturbeherrschung durch Wissenschaft und

Technik, eine permanente Erweiterung des Wohlstands durch ökonomisches Wachstum sowie eine selbstbestimmte Identität des Subjekts durch die Emanzipation von Herkunft und Traditionen – all das lässt sich weder einzeln noch gemeinsam auf einem bequemen Geradeausweg realisieren. Es gibt ökologische Grenzen des ökonomischen Wachstums und Grenzwerte individual- und sozialverträglicher Entgrenzungen. Offenbar wurde nicht bedacht, ob es diesseits und jenseits der technischen und instrumentellen Vernunft Ressourcen für den Aufbau und Erhalt einer vernunftgemäßen Sozialordnung gibt, die auf einem regenerativen Niveau gehalten werden müssen.

Dieses Manko lässt die Krisen der Moderne als Krise ihrer Säkularität erscheinen. Für Wirtschaft, Technik und Politik gibt es offenkundig Unableitbares, Unverrechenbares und Unverfügbares, das im Prozess der Säkularisierung religiös grundierter Sichtweisen von Mensch, Welt und Geschichte verkannt oder verdrängt wurde. Wo es aus Gründen der ökonomischen Rationalität bewusst ausgeklammert wurde, meldet es sich nunmehr als Leerstelle im Konzept gesellschaftlicher Integration: Sozialer Zusammenhalt resultiert nicht bereits aus dem Vergemeinschaftungsmodus des Marktes. Das soziale Band menschlichen Miteinanders wird zwar aus gegenseitiger Anerkennung geknüpft. Diese Gegenseitigkeit erschöpft sich aber nicht in der bestmöglichen Organisation von individuellen Nutzenkalkülen. Wo jeder nur darauf achtet, auf seine Kosten zu kommen, entsteht kein menschliches Miteinander. Um das jedoch einsichtig zu machen, braucht es mehr und anderes als nur die ökonomische Vernunft. Sie vermag im Umgang des Menschen mit seiner Lebenswelt stets nur „halbe Wahrheiten" ans Licht zu bringen. Es geht wohl nicht ohne sie, aber allein mit ihr geht es auch nicht.

In den von der Moderne verdrängten „Weltanschauungen" jene Anregungen zu suchen, welche für die Entdeckung der anderen Wahrheitshälfte hilfreich sein können, ist ein naheliegender Vorschlag. Ist es nicht an der Zeit, sich um ein „Verständigungswissen" zu bemühen, das den Menschen wieder zu einem Leben im Einklang mit der inneren und äußeren Natur befähigt? Bergen nicht Mythos und Religion jene kulturellen Bestände, die der Mensch nicht hinter sich lassen darf, wenn er vorankommen will?

Fragen dieser Art besitzen eine hohe Suggestivkraft. Sie machen den Verfechtern religiöser Traditionen gegenüber ihren Verächtern wieder Mut zum Widerspruch und Widerstand. Aber zu klären ist auch, von welcher Art dieser Widerspruch und Widerstand sein soll: Kontrast, Konfrontation, Abgrenzung? Oder führt ein widerständiges Sich-Einlassen auf die Moderne und ihre Säkularität nicht eher zum Ziel? Vielleicht braucht es aber statt des Widerstands weitaus mehr eine Resonanzfähigkeit für die aus dem Säkularen kommenden Sinn- und Existenzfragen des Menschen?! Vor allem aber bedarf es konkreter Verortungen für die Begegnung von Christentum und Moderne.


## Urbanität: modern und säkular

Säkularität ist unmittelbar erlebbar in den Großstädten der Moderne. In den Merkmalen urbaner Öffentlichkeit spiegeln sich die Merkmale von Modernität und Säkularität. Wenn die Kirche missionarisch sein will, wenn das Christentum die Prognose seines modernisierungsbedingten Verschwindens dementieren will, muss damit in den Großstädten der Moderne ein Anfang gemacht werden. Hier gilt es, für das Evangelium neue Formen der gesellschaftlichen Präsenz zu erschließen. Hier gilt es, an der positiven Dialektik des Urbanen teilzuhaben. Denn immer wieder totgesagt, hat die Großstadt alle Prognosen ihres nahen Endes stets überlebt. Was den Metropolen zum Problem wird, ist zugleich ihre Chance: ihre Größe, das Neben- und Ineinander des Verschiedenen und Ungleichzeitigen, der Widerstreit des Etablierten und des Innovativen. Oft werden in den Städten neue Impulse für soziale Utopien und Phantasien freigesetzt. Denn nur hier sind genug Talente, Köpfe und Sinne beieinander, um sich auf Neues einzulassen und Neues zu wagen. Nur hier gibt es das komplizierte Miteinander von Phantasie, Geld und Macht, von Avantgarde, Medien und Masse, das politischen und kulturellen Aufbrüchen auch zum Durchbruch verhilft.[2]

Zwar ist im Christentum bis heute das Verständnis durchaus vorhanden, dass die Sache Gottes „auf eine seltsam dialektische Weise von Anfang an mit ,der Stadt' zu tun"[3] hat. Zwar ist bewusst geblieben, dass ausgerechnet die Sozialgestalt der Stadt gleichnisfähig für Inhalte des Glaubens ist und dass es darum auch umgekehrt eine religiöse Auslegung des Stadtlebens geben kann. Aber trotzdem tut sich die Kirche noch immer schwer mit der Aufgabe, die Beziehung von Urbanität und Religiosität unter den Bedingungen der Moderne theologisch

---

[2] Wörtlich übersetzt heißt Metropole „Mutterstadt", d. h. sie ist nicht Ableger oder Kolonie, die von einem anderen Ort dominiert werden. Vielmehr bestimmt sie ihrerseits Kultur, Politik und/oder Wirtschaft eines Landes; für sie gibt es nur „Umland". Metropolen sind Orte der Konzentration von Macht und Reichtum; sie sind Knotenpunkte globaler Finanzströme und interkultureller Begegnung, bevorzugte Ziele von Migrationsbewegungen und Bühne neuer, pluraler Identitäten. Vgl. D. BRONGER, Metropolen, Megastädte, Global Cities. Die Metropolisierung der Erde, Darmstadt 2004. Zu einer soziologischen Bestimmung moderner Urbanität vgl. ferner M. Löw, Soziologie der Städte, Frankfurt a. M. [2]2010; Th. WÜST, Urbanität. Ein Mythos und sein Potential, Wiesbaden 2004.

[3] N. LOHFINK, In unseren Städten Gott suchen, in: GuL 58 (1985) 403; 402–414. Diese Verknüpfung besteht darin, dass die Stadt, in der menschliches Miteinander eine vom Menschen bestimmte Gestalt findet, zugleich der Ort sein soll für menschliches Miteinander, das eine von Gott bestimmte Form erhält.

anders als ein Verhältnis der Konkurrenz und der Kritik zu begreifen.

Der statistisch belegbare Rückgang an sozialer Anerkennung der christlichen Kirchen, beträchtliche Traditionsabbrüche innerhalb der kirchlich gebundenen Religiosität und eine allgemeine „Entchristlichung" des Religiösen legen zwar die Vermutung nahe, die moderne Stadt sei ein säkularer Ort, an dem sich nur das behaupten könne, was den Bedingungen des Säkularen entspreche. Dass dies stets nur Säkulares sein kann, ist damit jedoch noch nicht erwiesen. Und dass die moderne Stadt nichts anderes ist als ein säkularer Ort, an dem die Moderne erfolgreich und unwiderruflich Gott losgeworden ist, halte ich für einen Kurzschluss. Viel eher trifft meines Erachtens zu, dass hier die Probe auf die Modernitätstauglichkeit der Kirche und ihrer Rede von Gott und der Welt gemacht wird. Hier kommt es darauf an, sensibel zu werden für die religionstransformierenden Prozesse des Stadtlebens, die sich diesseits und jenseits der Kirchen abspielen. Es gilt, Strukturen und Inhalte religiöser Kommunikation mit urbanen Interaktionsbedingungen kritisch abzugleichen. Dabei wird sich zeigen, dass angesichts der sozialen und religiösen Vielgestaltigkeit der Stadt die Antreffbarkeit des Evangeliums nicht mehr (allein) durch die Strukturen der Gemeindepastoral gewährleistet werden kann, sondern neue Formen kirchlicher Öffentlichkeitsarbeit gefunden werden müssen, die mit typisch urbanen Interaktionsmustern (z. B. Netzwerk, Szene) korrelieren.

## Kirche in der Stadt und für die Stadt

Eine herkömmliche Form der kirchlichen Antreffbarkeit bildet die *architektonische Präsenz*. Als stumme und steinerne Zeugen des Evangeliums führen Dome und Kathedralen in der Stadt oft eine Kulissenexistenz. Wo und wenn sie ihrer ursprünglichen Bestimmung gemäß genutzt werden, gelten Regeln, die den säkularen Kirchenbesucher leicht zum „Kirchenfremden" machen, weil sie ihm plötzlich ein Verhalten untersagen, das geeignet schien, sich bislang Unvertrautes und Unbekanntes zu erschließen: „Das Umhergehen ist während des Gottesdienstes nicht gestattet!" – eine in deutschen Domen häufig aufgestellte Verbotstafel. „Nur für Beter!" – ein ebenso häufig angebrachtes Gebots- bzw. Warnschild. Gottesdienste finden hinter verschlossenen Türen statt. Viele Zeitgenossen innerhalb und außerhalb der Kirche möchten, dass die Kirche eine geschlossene Gesellschaft bleibt, in der es nach eigenen Regeln zugeht. Für die einen ist der Umstand, dass das Religiöse seine eigenen Regeln braucht, um sein Proprium darzustellen, Grund genug, um daraus die Normen zu machen, welche die „Kirchenfernen" erst einmal erfüllen müssen, wollen sie in Kontakt treten mit dem Christlichen. Für die anderen ist derselbe Umstand Grund genug, Religion am Ende nur für eine Angelegenheit von Menschen zu halten, die mit den Regeln des Säkularen nicht zurechtkommen.

Die andere Form einer Antreffbarkeit von Kirchen in der Stadt ist ihre *caritativ-diakonische Präsenz.* Dazu zählen die vielen Projekte der Sozialpastoral: Beratungsstellen, Sozialarbeit, Therapieeinrichtungen. Entgegen ihrem Versprechen ist die moderne Stadt nicht bloß Schmelztiegel, sondern auch Zentrifuge. Sie vermag Ortsfremde zu integrieren, aber sie sortiert auch gnadenlos aus. Die Kirche ist hier an der Seite derer, die nicht mehr mithalten können mit der Stadtgesellschaft; sie steht auf der Seite der Ausgegrenzten, Außenseiter und Randexistenzen. Viele Zeitgenossen möchten, dass sie dort bleibt, dass sie Sozialstationen unterhält und selbst Station macht am Rande der Gesellschaft. Auf diese Weise lässt sich eine politisch-soziale Glaubenspraxis leicht entpolitisieren. Eine an der sozialen Peripherie stationierte Kirche stört nicht – im Gegenteil: Sie entschärft das soziale Störpotential der Randgruppen.

Für eine missionarische Präsenz in der Wahrnehmung christlicher Zeitgenossenschaft genügt es aber nicht, als stumme Zeugen aufzutreten. Und es reicht auch nicht, sich abseits der großen Straßen und Plätze derer anzunehmen, die ins soziale und politische Abseits geraten sind. Hier ist noch eine weitere Form der Selbstvergegenwärtigung des Evangeliums angezeigt, die anderen Korrelationen von Religiosität und Urbanität nachgeht. Dass die moderne Stadt keineswegs religionslos geworden ist, wird jedem aufmerksamen Beobachter klar, der auf Phänomene der „Wiederansiedlung" des Religiösen stößt. Es gibt einen Trend zur urbanen Religion, der weitgehend an den christlichen Kirchen vorbeiführt. Das Spektrum einer solchen „Metropolreligiosität" reicht von der Esoterik und der Psychoszene über fernöstliche Meditations- und Erleuchtungsangebote bis hin zu spirituellen Wellnessangeboten. Daneben drängen „Migrantenreligionen" auf soziale Anerkennung. Hier hat sich die Erwartung nicht erfüllt, dass spätestens die dritte Generation der Zuwanderer unter dem Druck eines säkularen Umfeldes ihre religiösen Traditionen relativieren und vielleicht sogar abwerfen wird. Immer wieder totgesagt, hat offensichtlich auch das Religiöse alle Prognosen seines modernisierungs- und säkularisierungsbedingten Endes überlebt – und dies ausgerechnet in der modernen Stadt, dem säkularen Ort par excellence.

Neue Versuche, das Christliche im Säkularen zu behaupten, verlangen auf kirchlicher Seite das produktiv aufzunehmen, was Großstadtleben ausmacht. „Die Metropole lässt sich von der Vielheit und Widersprüchlichkeit der Welt überwältigen. Indem sie das als Stadt aushält, wird sie selber zum Maßstab dessen, was Welt ist. Das Verhältnis kehrt sich um, was als

Welt gesehen werden will, muss sich in ihrem Spiegel sehen."[4] Christentum und Kirche können von dieser Zumutung keine Dispens erlangen.

## Das Christliche im Spiegel des Urbanen

Auch was als Religion gesehen werden will, muss sich im Spiegel der Stadt sehen. Wenn es zutrifft, dass Metropolen sowohl Orte einer extrem gesteigerten ethnischen, kulturellen und sozialen Diversität und Pluralität bilden, als auch den Unterschied zwischen Fremden und Einheimischen relativieren, dann sind sie zugleich der rechte Ort für die Entdeckung des Eigenen im Fremden. Kaum anders lässt sich eine falsche Kirchenzentrierung aufsprengen, als dass man im Zentrum der Städte selbst „exzentrisch" wird. Solche Offenheit ist nicht Ausdruck erodierter Identität, sondern Ausweis christlicher Beziehungsfähigkeit und Voraussetzung missionarischer Präsenz, ohne die das Christliche im Säkularen verkümmern muss.

Sich im Spiegel der Stadt zu sehen verlangt eine religiös-säkulare Doppelexistenz. Dazu gehört nicht nur die Pflege von Charismen, welche die Kirchengemeinden „auferbauen", sondern ebenso die Entdeckung und Förderung von Charismen „evangelischer" Extrovertiertheit. Dazu braucht es Charismen und Charaktere von der Art der Spurensucher und Scouts, der Vor- und Querdenker, der Kundschafter und Fremdenführer, die zu den religiösen Ressourcen des Lebens in der Stadt führen. Gesucht sind spirituelle Vernetzungstalente und dogmatische Nestflüchter, die den Glauben so verkünden, dass sie keinen Glaubenssatz aussprechen, den sie nicht zuvor der kalten Luft des Unglaubens ausgesetzt haben.

---

[4] D. HOFFMANN-AXTHELM, Die dritte Stadt, Frankfurt a. M. 1993, 219.

Sich im Spiegel der Stadt zu sehen erzeugt vielfältige „Spiegeleffekte". Anders formuliert: Kirche in der Stadt zu sein nötigt zur Präsenz in pluralen Kontexten. Die Unterstellung, dass die Pfarrei als lokale (Stadtteil-)Kirchengemeinde die optimale Organisationsstruktur einer Stadtkirche sei, ist weder historisch noch soziologisch zwingend. Dazu ein Beispiel: Das Frankfurter „Kirchensystem" besteht um 1450 aus den parochialen Pfarr- und Stiftskirchen (St. Leonhard, Dom, Liebfrauen) und weiteren Kapellen mit der Aufgabe der Seelsorge an ca. 12.000 Kommunikanten aus Altstadt, Neustadt, Sachsenhausen, Bockenheim, Fechenheim, Oberrad, aus den Niederlassungen der Karmeliter-, Franziskaner- und Dominikanerorden. Hinzu kommen Klöster und Hospitäler von Frauen- und Ritterorden, mehr als 50 Beginenkonvente und 20 weitere Bruderschaften – alles in allem eine erstaunlich dichte und vielgestaltige Präsenz seelsorglicher und diakonischer Aktivitäten mit einem recht unterschiedlichen Angebot religiöser Identifikationsorte und Partizipationsmöglichkeiten am kirchlichen Leben.[5] In gewisser Weise ist hier eine Forderung eingelöst, die in ihrer Schärfe erst die Moderne bewusst macht, dass nämlich die Stadt nicht nur eine komplexe Struktur hat, sondern sie diese auch von der (Stadt-)Kirche verlangt, sollen auf Dauer differenzierte Zugänglichkeit, öffentliche Repräsentanz und diakonische Präsenz des Evangeliums möglich bleiben.

Anstatt den enorm geschrumpften Kirchengemeinden immer mehr Funktionen zuzuweisen und mit dieser Überforderung ihr Versagen zu programmieren oder sie per Verwaltungsreform zu dekanatsähnlichen Großgebilden zu machen, in denen mit der abnehmenden Zahl der Kontakte die Abnahme ihrer Tiefe Schritt hält, muss es darum gehen, die Gelegenheit

---

[5] Vgl. K. GREEF (Hg.), Das katholische Frankfurt einst und jetzt, Frankfurt a. M. 1989, 22ff.

zur Bekanntschaft mit dem Evangelium dort zu sichern, wo ein größeres Kommen und Gehen herrscht. Die Kirche muss dazu neue Gelegenheiten und Anlässe schaffen. Nötig sind neue Formen einer sozialen, ästhetischen und spirituellen Realpräsenz des Christlichen in der Stadt. Es gilt, nicht nur über veränderte Nutzungskonzepte von Kirchen nachzudenken[6], sondern auch dafür zu sorgen, dass auf den Wegen zwischen diesen Kirchen wieder etwas in Bewegung kommt. Vielleicht lohnt es sich, Pilgerwege zwischen den Kirchen im Innenstadtbereich der Metropolen anzulegen. Köln könnte mit seinen romanischen Kirchen mit gutem Beispiel vorangehen und anstelle touristischer Sightseeingtours spirituelle Exkursionen ins spannungsvolle Miteinander von Säkularität und Religiosität anbieten.

Die Kirche tut sich mit den Bedingungen urbaner Öffentlichkeit nicht zuletzt deswegen schwer, weil sie geraume Zeit Ideale pflegte, die alle pastoralen Anstrengungen auf überschaubare, gewachsene Gemeinschaften richten, in denen exklusiv eine unverkürzte Weitergabe des Glaubens möglich sein soll. Die Frage ist jedoch, ob gerade die Orientierung am Gemeindeprinzip nicht jene Notwendigkeiten übersieht und jene Chancen verspielt, die mit den Kommunikationsmöglichkeiten urbaner Öffentlichkeit gegeben sind.[7] Nicht erst Mitgliederschwund, Priestermangel und zurückgehende Kirchensteuereinnahmen legen einen Aufbau von Kirchenstrukturen jenseits der Sozialform der Gemeinde nahe. Gerade um ihrer Funktion willen, Öffentlichkeitsarbeit für das Evangelium zu leisten, muss sich die Kirche einlassen auf die Extrovertiertheit des

---

[6] Vgl. R. Fisch, Umnutzung von Kirchengebäuden in Deutschland, Bonn 2008.
[7] Siehe auch R. Bucher, Jenseits der Idylle. Wie weiter mit den Gemeinden?, in: Ders. (Hg.), Die Provokation der Krise, Würzburg 2004, 106–130.

Stadtlebens und dem Spezifischen urbaner Kommunikation Rechnung tragen: punktuelle Kontakte, flüchtige Bekanntschaften, befristete Beziehungen, passagere Bindungen. Fünf Thesen zum Projekt einer missionarischen „Citypastoral" sollen die Konturen dieser Herausforderung und mögliche Wege ihrer Bewältigung im Folgenden näher bestimmen.[8]

*(1) Moderne Städte sind säkulare Orte – und zugleich „religionsproduktiv", d. h. sie produzieren Fragen, auf die es religiöse Antworten geben kann.*

Missionarische Pastoral beginnt mit ‚teilnehmender Beobachtung' von Prozessen, in denen die Vielgestaltigkeit des Verhältnisses von Modernität, Urbanität und Religiosität aufscheint. Auf den ersten Blick erscheinen die Großstädte der Moderne als jene Orte, an denen am ehesten und nachdrücklichsten die „Exkulturation" des Christentums manifest wird. Allerdings wird hierbei übersehen, dass sich im Kontext des Urbanen zugleich ein öffentliches Fragen nach Transzendenz artikuliert. Die moderne Stadt ist der Ort, an dem aufgrund immer kürzerer Intervalle von Innovationen, Moden und Konjunkturen die Wirklichkeitswahrnehmung des Menschen immer flüchtiger wird. Hier ist stets Tempo angesagt. Was heute aktuell ist, ist morgen passé. Ebenso wie sie Bestehendes in Frage stellt, provoziert die Stadt beständig die Frage nach dem, was man nicht hinter sich bringen kann, will man vorankommen. Die moderne Stadt wird nicht wenigen Zeitgenossen bald „zu viel", zu unübersichtlich und zu verworren; zugleich bietet sie ihnen

---

[8] Was dabei als Postulat formuliert wird, ist an vielen Orten bereits eingelöst. Es gibt eine Reihe von Pilotprojekten und „best practice"-Beispielen, die einen Weg eingeschlagen, der die Suche nach überzeugenden Sozial- und Aktionsformen der Kirche in der Moderne voranbringt. Vgl. dazu im Internet: www.citykirchenprojekte.de.

„zu wenig", ist erst einmal die Trivialität dessen erkannt, was als der „letzte Schrei" ausgegeben wird. Auf den Dernier Cri – den letzten Schrei – folgt meist der letzte Atemzug. Die moderne Stadt bietet ständig Neues, Anderes, Besseres und bewirkt doch häufig bei jenen, die alles haben, dass ihnen etwas fehlt, auch wenn sie über das Habhafte im Überfluss verfügen. Hier kann die Frage aufbrechen nach dem eigentlich Definitiven der Existenz, das sie nicht in einem ständigen „weiter so" in Atem hält, sondern zu erfüllen (und vielleicht sogar: zu vollenden) vermag. Hier kommen Zweifel und Hoffnung auf, dass es im Leben etwas gibt, das nicht wieder schlechtgemacht werden kann und bleibend vor dem Vergehen bewahrt bleibt. Gibt es Lebensspuren, die nicht mehr verwischen? In der Stadt scheint das Glück auf der Straße zu liegen, aber viele Glückssucher landen in der Gosse. Wer mehr Erfolg hat, kann sich auf den Boulevards sonnen. Aber an allen, die es aus eigener Kraft im Leben zu etwas gebracht haben, nagt die Gewissheit: Wenn ich meinem Leben selbst einen Sinn geben muss, ist dieser Sinn so vergänglich wie sein Stifter. Aber ist ein vergänglicher Sinn ein sinnvoller Sinn?

Allerdings lässt sich im urbanen Kontext diese Art der Nachdenklichkeit selten unmittelbar religiös (oder gar „konfessionell") anschlussfähig machen. Häufig antreffbar ist eine Haltung, die sich nichts vormachen lässt, die zynisch den Lauf der Dinge und ironisch die Exponate religiöser Sinnofferten kommentiert. Für solche Zeitgenossen offenbaren die Broschürenhalter der Zeugen Jehovas, die Plakatwände der Mormonenapostel und die Höllenpredigten frommer Eigenbrötler allenfalls eine unfreiwillige Komik. Das Religiöse hat in diesem Kontext nur dann eine Chance, wenn es auf nicht-triviale Weise urbanen Trivialisierungstendenzen und -agenten ebenso widerstreitet wie der Gefahr der Selbstbanalisierung. Versuche der Kirche, das Evangelium korrelativ auf urbane „religionsproduktive Tendenzen" zu beziehen, müssen sich daher auf ihre urbanen Entstehungsbedingungen, auf die von Neugier und Skepsis geprägte Mentalität der Städter/innen, auf Konkurrenz und Konflikte im Werben um öffentliche Aufmerksamkeit einstellen.

*(2) Missionarische Pastoral muss sich auf Themen beziehen, die „säkularisierungsresistent" sind, und muss ihre Bezugnahme auf diese Themen „urbanitätskompatibel" gestalten.*

Urbanität steht für die Trennung von Privatsphäre und Öffentlichkeit. Dabei wird die Privatsphäre aufgewertet, aber auch neuen Zwängen ausgesetzt. Der Trend geht zu Existenzformen, die den Menschen bei seiner Lebensplanung und -führung auf sich selbst zurückwerfen. Fragen des Lebensstils, der weltanschaulichen Orientierung und des Wertebewusstseins werden tendenziell Angelegenheit der privaten Wahl. Die Biografie wird als Aufgabe in das Entscheiden und Handeln des Individuums verlagert, das damit zugleich zum Drehbuchautor, Regisseur und Hauptdarsteller seiner Lebensgeschichte wird. Die Vermehrung der Handlungsmöglichkeiten, die Angebotsexplosion auf dem Erlebnismarkt, die Ausweitung der Konsumpotentiale und der Wegfall von Zugangsbarrieren scheinen der alten Verheißung wieder Auftrieb zu geben, dass Stadtluft frei macht. Allerdings ist diese Freiheit nicht selten gepaart mit Überforderung. Womit diese Freiheit sinnvoll gefüllt werden kann, bleibt zunächst offen. Moderne Gesellschaften sind „multiple-choice-Gesellschaften". Nicht mehr Traditionen geben vor, wie ein Leben zu führen ist. Es gibt nicht mehr nur eine Weise, ein richtiges Leben zu führen, sondern mehrere. Der moderne Mensch ist ein „homo optionis": Er wird, was er wählt, und er macht aus sich etwas, das er für sich ausgewählt hat. Diese Optionenvielfalt wird als Freiheitszuwachs verbucht. Hier scheint das Versprechen der Neuzeit in Erfüllung zu gehen, dass jeder ein eigener Mensch sein kann. Diese Vielfalt ist notwendige, aber keineswegs hinreichende Bedingung für eine Existenz, in der jede und jeder „ein eigener Mensch" sein kann. Auch der moderne Mensch ist hin und wieder anlehnungsbedürftig – in jeder Hinsicht.

Die in vielen Großstädten virulente Nachfrage nach Religion äußert sich vor diesem Hintergrund primär in der Suche nach einem „Lebenswissen", nach einer neuen „Lebenskunst", welche das Selbstbehauptungsvermögen des Menschen angesichts der strapaziösen Versprechungen der Moderne stärkt. Die von der Moderne selbst produzierte Frage nach einer „Lebenskönnerschaft", die nicht wiederum von Modernisierungsprozessen entwickelt wird, verweist auf einen Bereich der „säkularisierungsresistent" ist. Je moderner die moderne Welt wird, umso weniger entbehrlich und verzichtbar ist es, diese Fragen auszusparen: Was hat es mit dem Leben eigentlich auf sich? Worauf kann man es gründen kann, um Stand und Stehvermögen im Dasein zu gewinnen? Können die Annehmlichkeiten der Moderne kaschieren, was im Leben „ohne Wenn und Aber" inakzeptabel ist? Wie kann man ein Leben annehmen, in dem es zu viel gibt, das kategorisch unannehmbar ist?

Die Erschöpfung sozialstaatlicher Ressourcen hat dazu geführt, dass viele Risiken der Lebensführung wieder zurückverlagert werden in die privaten Haushalte. Das Leben wird wieder im Modus der Sorge geführt. Es geht dabei nicht bloß darum, Vorsorge zu treffen für die Wechselfälle des Lebens. Wer sich um sich selbst sorgt, hat nicht bloß Materielles im Sinn. Nicht nur die materielle Not schreit in den sozialen Brennpunkten unserer Städte zum Himmel! Hinter der ökonomischen Sorge steht vielfach eine tiefe existenzielle Besorgnis: Was ist die Berechtigung menschlicher Existenz jenseits der Möglichkeit bzw. des Zwangs, durch Leistung oder Geld einen Platz in der Gesellschaft zu behaupten? Was ist der Sinn menschlichen Daseins, wenn der Mensch austauschbar geworden ist, wenn jeder andere an seine Stelle treten kann und wenn dies nicht nur für seine Berufsrolle gilt, sondern sogar für private, intime Beziehungen? Wie kann es der Mensch verwinden, dass seine Gedanken, Worte und Werke ihn nicht in der Welt halten können?

Es braucht nicht zu verwundern, dass entsprechende Sinnofferten auf beträchtliche Nachfrage stoßen. Auf dem Markt der Daseinstherapeutika herrscht Gedränge – und Konkurrenz. Auch Religion gibt es in der Stadt nur noch im Plural – und ebenfalls in einer Wettbewerbssituation. Stadtmenschen dehnen den in säkularen Angelegenheiten von ihnen geschätzten Plural an Entscheidungsmöglichkeiten und subjektiv wählbaren Optionen auch auf das Religiöse aus und wollen dieser Pluralität eigenhändig Rechnung tragen. Man ist selektiv religiös. Dabei erstreckt sich dieses Wahlhandeln sowohl auf Orte und Zeiten, die religiös unterlegt werden, als auch auf die Inhalte. Man ist auf Zeit religiös und womit diese Zeit gefüllt wird, ist Sache eigener Entscheidung. Solche religiösen „Passanten" behalten sich auch die Wahl bzw. die Abstufung von Nähe und Distanz zur (institutionalisierten) Religion selbst vor. Den Passanten in Sachen Religion kommt entgegen, dass die weltanschauliche und religiöse Pluralität der Städte das Entstehen spiritueller Mischkulturen begünstigt. Sie binden sich nicht an Dogmen und fixe Lehrinhalte mit dem in ihren Augen obsoleten Unterscheidungscode „rechtgläubig/ungläubig". Vielmehr wählen sie aus der Vielfalt von moralischen Orientierungen und religiösen Symbolen das für sich aus bzw. arrangieren es neu, was ihren jeweils aktuellen psychischen und ästhetischen Bedürfnissen entspricht. Viele setzen auch auf die spirituelle Selbstmedikation. Aus den Phasen intensiver Selbstbeobachtung wissen sie am besten, was ihnen gut tut. Sie wollen Weisheit statt Dogma, Spiritualität statt Moral und suchen Sinn ohne doktrinäre Sinnsysteme. Für religiöse Passanten tritt die lebensgeschichtlich-ordnende Funktion der Religion mit ihrer sozialintegrativen Komponente hinter ihre biografisch-reflexive Funktion mit ihrer individualitätsverstärkenden Komponente zurück. Ihre Nachfrage richtet sich auf Formen, die im Institutionellen das Individuelle akzentuieren. Das Interesse an religiösen Inhalten bemisst sich hier weitgehend danach, ob und inwieweit sie Prozesse der Selbstthematisierung und Selbstvergewisserung in Gang setzen.

Mit dieser Selbstzentrierung geht einher, dass religiöse Passanten nur „auf Zeit" religiös sind, – ähnlich wie sie „auf Zeit" politisch sind (z. B. in einer Bürgerinitiative mitarbeiten, sich an einer Demonstration beteiligen). Sie lassen sich auch nicht in bestimmte religiöse Gemeinschaften „eingemeinden". Darum können sie mit den Mitteln und Möglichkeiten der Gemeindepastoral kaum noch erreicht werden. Sollen sie seitens der Kirche nicht gänzlich abgeschrieben werden, muss ergänzend zur Gemeindepastoral nach Formen und Wegen gesucht werden, die der „passageren" Verfassung ihrer Religiosität entsprechen.

*(3) Urbanes Christentum muss eine „Passantenpastoral" entwickeln, die ihren Ort nicht innerhalb bestehender Gemeindestrukturen haben kann.*

Das Konzept „Passantenpastoral" steht für den Versuch, die Antreffbarkeit des Christentums in städtischen Kontexten subsidiär zur Gemeindepastoral zu sichern und Menschen anzusprechen, die von dieser schon lange nicht mehr erreicht werden. Ihm geht es darum, die Vielfalt kirchlicher Sozialformen zu steigern und damit der kirchlichen Milieuverengung entgegenzuwirken, die daraus entstanden ist, dass in (Pastoral-)Theologie und Praxis der ideale Christ ein Gemeindechrist sein muss und die ideale Gemeinde sich über eine lebenslängliche Zugehörigkeit ihrer Glieder definiert.[9] Durch die Bindung an einen kleinen, aber sehr überschaubaren intensiven Gemeindebetrieb erschwert die Kirche den Zugang zu sich, da dieser von allen Beteiligten einen Grad an Gemeinsamkeiten verlangt, wie er vorzugsweise in den geschlossenen Sozialmilieus der bürgerlichen Mittelschicht antreffbar ist. Nach urchristlichem Vorbild aber ist es zu wenig, nur mit den „Gottesfürchtigen" Gespräche zu führen. Zu reden ist auch „täglich auf dem Markt mit denen, die gerade zugegen" sind (Apg 17,17) und entweder „en passant" mit dem Evangelium in Kontakt treten – oder überhaupt nicht.

Passantenpastoral ist ein Angebot der Kirche *in* der Stadt *für* mobile Stadtbewohner. Sie lädt kirchenferne Zeitgenossen ein, an Veranstaltungen teilzunehmen, die das Leben in der Stadt spirituell dechiffrieren wollen. Sie schafft Orte der Konzentration in einem Umfeld, das auf unterhaltsame Zerstreuung abzielt und alle Lebensinhalte auf ihre Marktgängigkeit, ästhetischen Reiz oder Erlebnisintensität testet. Hier können diejenigen Station machen, die spirituell entwurzelt sind, sich zur Konfession der Skeptiker rechnen und sich dennoch religiöse Neugier bewahrt haben. Passantenpastoral lebt von der Fähigkeit auf Seiten der Kirche, Räume und Zeiten freizuhalten, in denen sie selbst sich als resonanzfähig für die vielfältigen Suchbewegungen in der Stadt erweisen kann, die sich den ethisch-spirituellen Erblindungstendenzen des Säkularen widersetzen.

Passantenpastoral ist keine Konkurrenz zur Gemeindepastoral. Kirchengemeinden bleiben unverzichtbar für die religiöse

---

[9] Auf den Prüfstand kommt dieses Ideal bei H. Haslinger, Lebensort für alle. Gemeinde neu verstehen, Düsseldorf 2005; B. Spielberg, Kann Kirche noch Gemeinde sein? Praxis, Probleme und Perspektiven der Kirche vor Ort, Würzburg 2008.

Beheimatung der Christen. Sie bilden christliche Sozialstationen in einer zuweilen unsozialen Gesellschaft. Sie dienen der Selbstentfaltung des Subjekts in seinen sozialen Primärbezügen und schaffen damit zugleich die Rahmenbedingungen für die „Sozialisierung" des Evangeliums.[10] Die sozialen, politischen und kulturellen Besonderheiten urbanen Lebens blieben jedoch ebenso gründlich verkannt, wenn jenes bipolare Lebensgefühl ignoriert würde, das sich auf die Verwurzelung der Städter in einem bestimmten Viertel oder Stadtteil gründet, aber neben dieser lokalen Dimension stets auch die Großstadtatmosphäre schätzt und sucht. Sollte der Glaube nur auf die kleinräumigen Refugien und pfarrlichen Residenzen beschränkt bleiben?

Die Notwendigkeit einer Pastoral, die Passagen, Übergänge und Transfers zwischen den unterschiedlichen Lebens- und Handlungswelten des modernen Menschen herstellt, indem ihre Träger selbst in diesen Passagen antreffbar sind, ergibt sich nicht zuletzt aus strukturellen Veränderungen der Lebensführung, die kirchlich unbeeinflussbar sind. Die Einheit von Wohnen, Arbeit und Freizeit hat sich räumlich aufgesplittert, der Lebensraum ist immer weniger auf das Stadtviertel beschränkt. Im sozialen Nahbereich trifft man zunehmend Menschen, mit denen man kaum mehr teilt, als benachbarte Häuser zu bewohnen. Wo Sozialbeziehungen individuell wählbar geworden sind und über räumliche Distanzen hinweg mit einem Optimum an Mobilität und an medialer Kommunikation gepflegt werden können, entstehen soziale Netzwerke, die längst von festen räumlichen Bezügen entkoppelt sind. Will die Kirche für solche Zeitgenossen ansprechbar sein, muss sie verstärkt diesseits und jenseits der Pfarrgemeinden präsent sein in den „Zwischenräumen" jener vielen Lebenswelten, in denen sich die Menschen

---

[10] Vgl. hierzu auch J. WERBICK, Warum die Kirche vor Ort bleiben muss, München 2002.

heute bewegen.[11] Sie muss ihre angestammten Immobilien verlassen und „Straßeneinsätze" riskieren. Sie muss auf interaktiven Homepages andere Frequenzen der Kommunikation nutzen. Sie muss Räume schaffen, die in ihrer Bausprache Galerien, Ateliers, Passagen und Foyers ähneln und die Unterschiede von ‚drinnen' und ‚draußen' fließend machen. Sie sollten von draußen erkennen lassen, was sich drinnen abspielt: unaufdringliche Gastfreundschaft, Einladungen zum Verweilen, Gelegenheiten zum Ausruhen oder die Sinne schweifen (und die Seele baumeln) zu lassen. Wer als Passant solche Räume betritt, fühlt sich nicht vereinnahmt und kann Nähe und Distanz zum Geschehen selbst bestimmen. Der Struktur dieser Räume muss auch das Format der darin antreffbaren Themen und ihrer Bearbeitung entsprechen. Zu thematisieren ist, was jeweils Stadtgespräch ist und den Gegenstand christlicher Zeitgenossenschaft ausmacht. Was hier an Programmen und Inhalten angeboten wird, entscheidet auch darüber, ob man als Kirche wieder „satisfaktionsfähig" wird für die Avantgarden der Stadtkultur, die sich von einer christlichen Zeitansage herausfordern lassen. Und ebenso sollte hier in Stil und Genus neben der Form des politischen Diskurses noch eine andere Rede über die Stadt geführt werden können – etwa in der Weise, dass sie „ins Gebet genommen wird" und zu bestimmten Tagzeiten innovative Formen des „Stundengebetes" praktiziert werden.

*(4) Passantenpastoral realisiert das Christentum als Bestandteil einer offenen Stadtkultur.*

„Form follows function" – dieser klassische Designergrundsatz ist auch bei der zeit- und sachgemäßen Gestaltung pastoraler

---

[11] Vgl. hierzu M. N. Ebertz, Aufbruch in der Kirche. Anstöße für ein zukunftsfähiges Christentum, Freiburg/Basel/Wien 2003.

Konzepte ebenso oft missachtet wie praktiziert worden. Was in vielen Bereichen der „kategorialen" Seelsorge (z. B. Krankenhauspastoral) mit Erfolg geschieht, wird im Kontext der Passanten- und Citypastoral oft kritisch beäugt: von den Strukturen und Funktionserfordernissen des jeweiligen sozialen Kontextes ausgehend den christlichen Glauben lebensdienlich zu vergegenwärtigen. Dies ist zweifellos im urbanen Raum leichter gefordert als realisiert. Auf den ersten Blick erschweren die Merkmale des Urbanen solche religiös-säkularen Kontaktaufnahmen: In der Stadt dominieren Individualismus und Pluralismus, wenn es um Werte und Überzeugungen geht. Offenheit und Unverbindlichkeit bestimmen die Kommunikationsabläufe. Städte waren und sind Niederlassungen von Menschen, die zu einem großen Teil als ortsfremd gelten (und es aufgrund der hohen Fluktuationsrate in der Wohnbevölkerung auch bleiben). Wer in der Stadt lebt, existiert zu einem gewissen Grad immer auch als Heimatloser. Hier ist man zu Hause, aber nicht daheim. Gleichwohl wirbt die Stadt mit dem Versprechen, dass solche Differenzen nicht zu Ausgrenzungen führen. Eingelöst wird dieses Versprechen in den unterschiedlichen „Szenen" einer Stadt. Szenen antworten auf die Frage, wie man in einer kaum überschaubaren sozialen Wirklichkeit Menschen mit ähnlichen Vorlieben und Abneigungen finden kann, ohne Abstriche an der eigenen Individualität machen zu müssen.[12] Szenen entstehen an der Schnittlinie zwischen Privatheit und Öffentlichkeit; sie ermöglichen ihren Angehörigen einen gemeinsamen Umgang mit den Individualisierungszumutungen des Stadtlebens und überlassen dem Individuum dennoch, Nähe und Distanz bzw. die Intensität der Partizipation selbst zu dosieren. Szenen offe-

---

[12] Vgl. hierzu u.a. J. BOETTNER, Himmlisches Babylon. Zur Kultur der verstädterten Gesellschaft, Frankfurt a. M./New York 1988, 139–166; G. SCHULZE, Die Erlebnisgesellschaft, Frankfurt a. M./New York 1992, 459–494.

rieren in der Stadt die doppelte Gnade, jemand zu sein und es nicht allein sein zu müssen. Passantenpastoral ist hinsichtlich ihrer Organisationsform „Szenenpastoral".

Sich unter urbanen Interaktionsbedingungen zu behaupten bedeutet, öffentlichkeitswirksam agieren zu müssen, d. h. bei einem prinzipiell unabschließbaren Publikum Aufmerksamkeit, Betroffenheit und Identifikation zu suchen. Ein mögliches Instrument solcher Öffentlichkeitsarbeit besteht in der ästhetischen Dramatisierung und Inszenierung der jeweils eigenen Sache und des eigenen Anliegens.

*(5) Passantenpastoral muss die ästhetischen Ressourcen des Christentums ausschöpfen.*

Die Stadt liebt und begünstigt alles, was medial darstellbar und reproduzierbar ist. Hier regieren ästhetische Imperative. Hier muss man „bei (allen) Sinnen" sein. Darauf sich einzulassen bedeutet für die Kirche vor allem einen anderen Umgang mit den überlieferten Symbolbeständen des Christentums, als diese nur auf dogmatische Wahrheitsbehauptungen und moralische Sollensansprüche festzulegen. Das Evangelium gibt eben nicht nur zu denken und zu tun. Es gibt vor allem dem Menschen die Möglichkeit, sich und die Welt neu und anders zu sehen. Dogma und moralisches Gebot finden nur dann Gehör, wenn das Subjekt in seinen lebensweltlichen Erfahrungen selbst und unvertretbar sich der lebensermöglichenden Wahrheit des dogmatisch und ethisch Codierten vergewissern kann. Kaum anders lässt sich das Evangelium zum Inhalt und Gegenstand seiner existenziellen Selbstvergewisserung machen. Es geht hier nicht darum, ästhetisch reizvolle Unterbrechungen des Tagesgeschäftes zu arrangieren. Es ist sinnlos, völlig sinnenlos über das zu reden, was ein sinnvolles Leben ausmachen kann. Ohne Beteiligung der Sinne kommt dem Menschen nichts in den Sinn, was sein Dasein und das Evangelium zustimmungs-fähig macht. Alle dogmatischen Sinngehalte und moralischen Sinnansprüche sind ohnehin auf die „Eigenbeteiligung" des Einzelnen insoweit angewiesen, wie sie in biografische Deu-tungszusammenhänge hineingenommen und individuell fruchtbar gemacht werden müssen. Mit der puren Darstellung einer fremden, dogmatisch geschlossenen und auf moralische Pflichten konzentrierten Identität will sich kein Zeitgenosse mehr abfinden.

Der christliche Glaube bleibt ohne Ästhetik kulturell un-sichtbar. Die Kirche darf sich aber nicht zur Komplizin einer Ästhetisierung machen lassen, die letztlich in die soziale und politische Anästhesie führt. Wenn in Domen und Kathedralen Bachs Oratorien und Requien von Mozart und Beethoven auf-geführt werden, wenn Citykirchen die Türen öffnen für den „Evensong" oder wenn in ihnen „Nightfever", die nächtliche „Aussetzung" und Anbetung des Allerheiligsten angesagt ist, müssen auf diese Bemühungen, den urbanen Eventtrubel mit der Ästhetik des Glaubens zu durchbrechen, weitere Schritte folgen. Für bildungsferne Schichten und ein soziales Milieu an der Armutsgrenze muss mehr getan werden, damit ihnen das Evangelium auch als ästhetische Sinnressource nicht ver-loren geht.[13] Wie steht es um die fernen Kirchentreuen, die sich zu den Unscheinbaren und Unauffälligen rechnen und in-tellektuelle Debatten und „hochkulturelle" Ereignisse meiden? Darf man sie mit dem religiösen Kitsch der kirchenbetriebenen Souvenirläden in Domnähe allein lassen? Und ist nicht auch von Dommuseen und Domschatzkammern mehr zu erwarten als die Ausstellung liturgischer Prunkgeräte und Prachtgewän-der? Sollten solche Museen nicht vor allem Orte lebendiger Er-

---

[13] Vgl. hierzu ausführlicher C. WIPPERMANN/M. SELLMANN, Milieus in Bewegung. Werte, Sinn und Ästhetik in Deutschland, Würzburg 2011.

innerung an den Beitrag der Kirche zur Stadtkultur sein? Sollte man in ihnen nicht primär zeigen, was das Christentum für das Bildungs- und Sozialwesen „vor Ort" geleistet hat?

## Passantenpastoral: Schritte in die falsche Richtung?

Für manche Kritiker kommt das Plädoyer für eine „Passanten-pastoral" zwar im Gestus des Fortschrittlichen daher, könnte aber doch in eine falsche Richtung führen. Denn es scheint längst überholt geglaubte Engführungen des Christ- und Kir-cheseins neu aufzulegen. Offensichtlich wird hier wieder im Modus einer Betreuungspastoral agiert, indem einige Kirchen-profis sich um ein aufmerksames, aber passives Publikum be-mühen, anstatt ihre Adressaten selbst zu Hauptdarstellern ih-rer Glaubensbiografie zu machen. Offensichtlich bleibt es hier bei unverbindlichen Begegnungen mit dem Glauben, der in Form kleiner „appetizer" feilgeboten wird und für die alltägli-che Lebenspraxis folgenlos bleibt. Offensichtlich liegt hier bloß ein kirchliches „update" für den Versuch vor, Religion in den Dienst eines „kompensatorischen Freizeitmythos" (J. B. Metz) zu stellen und sie um ihre sozialkritische Kraft zu bringen. An-statt der Tendenz zur sozialen Erosion einer individualisierten Gesellschaft durch eine Vermehrung der Chancen eines dauer-haften und zukunftsfähigen gemeinschaftlichen Lebens, Glau-bens und Handelns entgegenzuwirken, scheint eine Passanten-pastoral solchen Trends zu huldigen (und sie zu „heiligen"?).

Anfragen dieser Art sind – ungeachtet ihrer oft beckmesse-rischen Untertöne – zweifellos berechtigt. Wer so argumentiert, tut dies aus Erfahrung: In der Regel muss man immer dann, wenn man blinde Flecken in einer Theorie erkennt, für deren praktische Umsetzung schwarzsehen. Bisweilen aber ist eine Praxis besser als die zugehörige Theorie. Von den bisherigen Erfahrungen mit praktischen Versuchen einer Passantenpastoral im 1995 etablierten Kölner Domforum werden die angedeuteten Kritikpunkte deutlich relativiert.[14] Die Sorge, hier würden anspruchsvolle Angebote anspruchslos wahrgenommen und unter die üblichen städtischen Zerstreuungsszenarios eingereiht, hat sich längst als unbegründet erwiesen. Keineswegs ist es dazu gekommen, dass das widerständige Sich-Einlassen auf die Strukturen der City kirchliche Initiativen zu einem Teil ihres Event-, Marketing- und Unterhaltungsbetriebes gemacht hat. Der Vorwurf der Unverbindlichkeit verkennt das enorme Maß an Engagement und Kompetenz, das Haupt- und Ehrenamtliche in den religiösen Passagen auszeichnet. Ihr Bemühen gilt weniger der Dogmatik des Glaubens als der Kunst, in der dialogischen Beziehung mit den Angesprochenen die Wahrheit und Bedeutung des Glaubens zu „entbinden". Es entsteht kein religiöses Betreuungsverhältnis. Gefördert wird vielmehr ein kommunikativer Prozess des Entdeckens und Erschließens, was das Evangelium für die Bewältigung individueller Lebensläufe und Lebenslagen bedeutet. Gerade dies dient dem Subjektsein religiöser Passanten. Schließlich werden hier auch gesellschaftliche Vereinzelungstendenzen nicht verdoppelt, sondern widerständig aufgenommen. Längst ist auch in anderen Großstädten um die Orte kirchlicher Citypastoral eine eigene „Szene", eine neue Sozialform des Christ- und Kircheseins entstanden.

---

[14] Vgl. K.-H. Paulus, Ein offenes Haus der Kirche. Das Kölner Domforum, in: Diakonia 32 (2001) 322–325.

# 6. Freiheit (in) der Kirche: Die Jugend und der Geist Gottes

WER WILL, DASS Menschen den Glauben in Freiheit annehmen, muss ihnen die Freiheit geben, den Glauben nicht anzunehmen. Ohne dieses Risiko gibt es keine Freiheit – auch keine Freiheit im Glauben. Wo gilt dies nachdrücklicher als dort, wo die Kirche am deutlichsten gefordert ist, ihr Verhältnis zur Moderne, zum Emanzipations- und Freiheitsethos dieser Epoche konkret werden zu lassen? Gemeint ist das prekäre Verhältnis der Kirche zu ihrer „eigenen" Jugend, zu den Jugendlichen. An diesem Verhältnis muss sich auch erweisen, was eine missionarische Kirche auszeichnet. Hier ist sie gefragt, was sie im Blick auf das Evangelium erschließen und wie sie es weitergeben will. Und sie ist gefordert, dies im Blick auf die Zukunft zu bestimmen. Für die Zukunft der Kirche stehen die Jugendlichen. Wer will, dass sie aus freien Stücken Christen werden und Christen bleiben, muss nicht weniger an ihrer Freiheit als an ihrer Gläubigkeit interessiert sein. Ein unfreier, gegängelter Glaube bleibt ein unmündiger Glaube.

Jemanden zur Mündigkeit erziehen zu wollen ist ein riskantes Unternehmen. Das Risiko besteht nicht darin, dass jemand unmündig bleibt. Die größere Gefahr liegt aus der Sicht der Erziehenden darin, dass jemand, dem man beigebracht hat, sich seines eigenen Verstandes zu bedienen, auch anfängt, seinen Kopf durchzusetzen. Die Wahrscheinlichkeit ist nicht gering, dass jemand, der gelernt hat, den Mund aufzumachen, auch Dinge sagt, die man lieber nicht hören möchte. Religiöse Bildung und Erziehung machen davon keine Ausnahme. In der katholischen Kirche ist es weithin üblich, dass man zunächst ohne eigenes Zutun als Christ aufwächst. Kinder werden getauft, ohne dass diese sich selbst dafür entschieden haben. Andere haben ihnen diese Entscheidung abgenommen. Aber dabei darf es nicht bleiben. Es muss alles dafür getan werden, dass die als Kinder Getauften sich diese Entscheidung zu eigen machen können – und zwar aus freien Stücken. Dazu bedarf es eines Anlasses und einer Gelegenheit, für die nach gängiger Ansicht das Firmsakrament steht. Es wendet sich an Menschen, die selber sagen können, wofür sie sich entscheiden wollen. Jugendlichen traut man zu, ein solch eigenes Wort sagen zu können.

Jemanden auf die Firmung vorzubereiten ist darum riskant: Man muss als lohnend, bereichernd, erstrebenswert beschreiben, wofür Jugendliche sich entscheiden sollen, und man muss zugleich für die Freiheit dieser Entscheidung sorgen. Es geht um das schwierige Verhältnis von Zusage und Absage, von Freiheit und Bindung, von Nähe und Distanz. Zum einen soll die Eingliederung in die Gemeinschaft der Glaubenden zu ihrem Abschluss kommen, und zum anderen geht es um den Abschluss einer religiösen Erziehung zur Mündigkeit und zur Freiheit. Kann wirklich beides zugleich realisiert werden? Oder steht hinter der Firmung nur der Versuch der Institution „Kirche", eine letzte Gelegenheit zu nutzen, um Jugendliche noch für sich „einnehmen" zu können? Wie hoch ist aber die Wahrscheinlichkeit, dass die Firmung zum „Sakrament des feierlichen Kirchenaustritts"[1] wird? Denn dass Religion, Glaube und Kirche zu den Angelegenheiten zählen, die in hohem Maße unter Jugendlichen heute besonders „angesagt" sind, wird niemand ernsthaft behaupten können.

Viele Frustrationen im Blick auf das Verhältnis von Kirche und Jugend werden vermeidbar, wenn man die biografische

---

[1] Vgl. B. J. HILBERATH/M. SCHARER, Firmung. Wider den feierlichen Kirchenaustritt, Mainz [2]2000; H. WUSTMANS, Firmung oder die Frage nach der Autorität der Kirche im Erleben Jugendlicher, in: ThPQ 158 (2010) 371–380.

und gesellschaftliche Situation Jugendlicher tiefer auslotet. Frustrationen sind in der Regel das Ergebnis von „Übererwartungen": Man hat im Blick auf intensiv vorbereitete Projekte und Events gehofft, dass „mehr drin" war und dass die Jugendlichen sich künftig in der Gemeinde engagieren würden. Aber sie gehen dennoch wieder auf Distanz. Frustrationen können aber auch das Ergebnis von Realitätsblindheit oder eines falschen Idealismus sein. Gegen beides sollte man sich frühzeitig wappnen. Eben dies ist das Anliegen der folgenden Reflexionen zum prekären Verhältnis von Jugend und Kirche. Zunächst soll streiflichtartig vorgestellt werden, was es heute heißt, jung zu sein. Danach wird kurz eingeblendet, was es bedeutet, wenn der Glaube in die Pubertät kommt. Und nach einer Skizze, welche Grundaussage des Firmsakramentes auf das bezogen werden kann, was Jugendliche existenziell bewegt, geht es um die Übertragung dieser Grundaussage auf die Kirche – als „Bürgerinitiative des Hl. Geistes".

## Jugend: Moratorium und/oder Laboratorium

Wovon ist eigentlich die Rede, wenn von „der" Jugend gesprochen wird? Wir können damit eine soziale Gruppe bezeichnen – die Jugendlichen „von heute" (im Alter von 13–30 Jahren). Wir können damit eine Lebensphase umschreiben, in der ein Mensch zunehmend selbstständig wird, ohne dass er bereits wirtschaftlich auf eigenen Füßen stehen kann. Und wir können damit einen „Lifestyle" etikettieren, der sich u. a. auf Kleidung, Freizeitverhalten, Musikgeschmack, Körper- und Schönheitsideale bezieht, ohne dass die Träger eines solchen Lifestyles auf ein spezifisches Lebensalter eingegrenzt werden können; Jugendsender im Radio und Fernsehen werden auch von „älteren Semestern" eingeschaltet. „Jugend" ist auch ein

Generationen übergreifendes Ideal: Selbst wer schon graue Schläfen hat, möchte noch „jung" sein (d. h. flexibel, mobil, neugierig, unbeschwert), ohne aber in den Verdacht zu geraten, noch grün hinter den Ohren zu sein …

Der vielfältige Gebrauch des Begriffs „Jugend" ist nicht frei von Spannungen, Paradoxien und Widersprüchen: Wer sich geringschätzig über die „Jugend von heute" äußert, wird dennoch das „Jungsein" hochschätzen – vor allem das eigene. Was und wie „die" Jugend ist, unterliegt oft den Zuschreibungen Erwachsener: „Die" Jugend gilt mal als verdorben, mal als rebellisch (wie die 68er), mal als „Null-Bock-Generation". Über die Jugend wird meist gesprochen im Blick auf die Probleme, die sie macht – zunehmend aber auch im Blick auf die Profite, die man mit ihr machen kann. In allen Marketingkreisen wird heftig um sie gebuhlt, denn sie bildet eine wichtige Konsumentengruppe mit einer beachtlichen Kaufkraft.[2]

„Jugend" als eine spezifische Lebensphase gibt es erst in der Neuzeit. Noch bis zur Industrialisierung galt ein junger Mann oder eine junge Frau mit dem Eintreten der Geschlechtsreife als voll erwachsen. Erst im 20. Jahrhundert ist es zur Ausdehnung einer eigenen biografischen Phase zwischen Kindheit und Erwachsenenalter bzw. zwischen Schule und Erwerbstätigkeit gekommen. Bis 1950 betrug diese Spanne durchschnittlich 5 Jahre, zu Beginn des 21. Jahrhunderts sind daraus mindestens 10, bisweilen 15–20 Jahre geworden. Es waren hauptsächlich ökonomische und arbeitspolitische Gründe, die zur Verlängerung der Jugendphase führten. Immer größere Gruppen der

---

[2] Der empirische Befund diverser „Jugendszenen" verbietet zudem, den Kollektivsingular „die" Jugend zu verwenden. Die Formen jugendlicher Vergemeinschaftung sind in Ästhetik und Thematik höchst vielgestaltig und reichen von „Antifa-Aktivisten" über „LAN-Gamer" bis zu „Punks" und „Skateboardern". Vgl. dazu R. HITZLER/A. NIEDERBACHER, Leben in Szenen, Wiesbaden [3]2010.

Heranwachsenden werden aus der Erwachsenenwelt ausgegliedert, da man sie über schulische Bildungswege oder akademische Studiengänge erst für das Berufsleben qualifizieren muss. „Jugend" meint in diesem Kontext einen Sozialstatus, der durch Lern- und Vorbereitungsanforderungen gekennzeichnet ist. Die einzige Aufforderung in dieser Phase lautet: „Lern etwas, damit aus Dir etwas wird!" Die Freisetzung vom Zwang zur eigenen Erwerbstätigkeit öffnet zugleich die Tür in spezifische Jugendkulturen (die zuweilen auch zu Alternativ- und Gegenkulturen werden).[3] In Deutschland wurde jedoch spätestens ab 1985 die Verlängerung der (Aus-)Bildungszeiten nicht mehr primär zu dem Zweck der besseren Qualifizierung des Berufsnachwuchses betrieben. Vielmehr stand zunehmend das sozialpolitische Ziel im Vordergrund, die quantitativ „überzähligen", potenziellen jungen Arbeitskräfte vor der Arbeitslosigkeit zu bewahren, da das Erwerbssystem für sie nur beschränkt aufnahmefähig war.

Das Bildungssystem wurde zu einem biografischen Warteraum und die Jugendphase zu einem Moratorium und zu einem Laboratorium. Als Moratorium fungiert sie, da den Jugendlichen ein Aufschub für die Übernahme von Berufsrollen und damit verbundener Verpflichtungen gewährt wird. Der Ernst des Lebens wird für eine Weile vom Leben ferngehalten. Genau diese Abkopplung macht es Jugendlichen auch möglich, diese Phase als Laboratorium zu betrachten: als eine Zeit des

---

[3] Vgl. hierzu als Erstinformation W. FERCHHOFF, Jugend und Jugendkulturen im 21. Jahrhundert. Lebensformen und Lebensstile, Wiesbaden ²2010; D. BAACKE, Jugend und Jugendkulturen. Darstellung und Deutung, Mannheim ⁵2007. Zum Ganzen vgl. J. ECARIUS, Jugend-Leben. Aktuelle Debatten der Jugendforschung, Wiesbaden 2011; K. HURRELMANN, Lebensphase Jugend, Weinheim 2009; A. SCHERR, Jugendsoziologie, Wiesbaden ⁹2009; R. GÖPPEL, Das Jugendalter. Entwicklungsaufgaben – Entwicklungskrisen – Bewältigungsformen, Stuttgart 2005.

Ausprobierens in einer multiple-choice-Gesellschaft.[4] Sie gehen spielerisch mit ihren Freiheiten um. Das kann zu einem höchst widersprüchlichen Verhalten führen: In einer multiple-choice-Gesellschaft besteht die größte Angst darin, etwas zu verpassen oder zu versäumen. Um nichts zu verpassen, darf man sich aber nicht zu früh auf etwas festlegen – es könnte ja noch etwas Besseres kommen.

Seit einigen Jahren wird die Phase des Moratoriums wieder verkürzt, da man die Ausbildungszeiten in Schule und Hochschule reduziert. Dies erhöht den Druck, sich spätestens mit dem Abschluss des 10. Schuljahres für eine Berufsausbildung oder für die Fortsetzung der Schullaufbahn zu entscheiden und mit dem Abitur nach nunmehr 12 Schuljahren erneut vor die Wahl „Beruf oder Studium" gestellt zu sehen. Die Jugendphase bleibt gleichwohl unabhängig davon geprägt von der Spannung zwischen individueller Selbstständigkeit bei gleichzeitiger wirtschaftlicher Unselbstständigkeit. Über den Jugendlichen schwebt vor allem das Damoklesschwert der Ungewissheit des Einmündens in einen Beruf. Aus dieser Ungewissheit heraus kommt es zu großer Anpassungsbereitschaft, aber bisweilen auch zu Resignation oder Ausweichhandlungen (z. B. längere Auszeiten nach dem Abitur – etwa „work and travel" in Australien oder ein Freiwilligendienst als willkommene Möglichkeiten, Studien- und Berufsentscheidungen zu vertagen). All das trifft junge Menschen, denen ältere teils neidvoll, teils ermutigend zurufen, dass sie das ganze Leben noch vor sich haben. Jugendliche kommen sich aber meist anders vor. Sie gleichen jemandem, dem man eine Landkarte in die Hand drückt und ein wenig Proviant mitgibt, aber keinen Kompass. Sie dürfen überall hin, wissen aber nicht, auf welchem Kurs man dort ankommt. Wenn sie sich tatsächlich auf den Weg ma-

---

[4] Vgl. P. Gross, Die Multioptionsgesellschaft, Frankfurt a. M. 1994.

chen (und sich z. B. um Ausbildungsplätze bewerben), müssen sie Schlüsselqualifikationen ausbilden, die selbst gereifte Erwachsene nicht besitzen: Leistungsbereitschaft und Enttäuschungsresistenz, Zukunftsoptimismus und Risikobewusstsein. Und sie werden mit Fragen konfrontiert, mit denen sie die Erwachsenenwelt oft allein lässt: Über welche Fähigkeiten und Fertigkeiten muss man verfügen, um etwas Gutes oder das Beste aus der Offenheit und Ungewissheit des Lebens zu machen? Wie finde ich heraus, ob das objektiv Richtige (hinsichtlich Zukunftsplanung, Schulabschluss, Berufswahl) für mich auch das existenziell Wahre ist?

Wer jung ist, muss in dieser Lebensphase Schwellen, Übergänge und Brüche meistern. Dies gilt vor allem für Jugendliche, die gerne groß sein möchten und für diese Größe doch nur über die halbe Stärke verfügen.[5] Jugendliche sind nun mal „halbstarke Gernegroße". Soll ihr Anspruch auf Größe nicht halbiert werden, bedarf es der Anleitung, wie sie zu den Kräften kommen, die der gewünschten Größe entsprechen. Gefragt ist also eine bestimmte Lebensführungskompetenz. Hier ist ein Vermögen vonnöten, das es erlaubt und ermöglicht, sich auf Großes einzustellen, auch wenn auf den ersten Blick die verfügbaren Kräfte dazu nicht ausreichen. Gefragt ist dazu ein bestimmtes Vermögen, eine spezifische Lebenskunst – als Lebenskönnerschaft.[6]

Dabei geht es für Jugendliche 1. um eine mehr oder weniger vollständige ‚äußere' Trennung vom Elternhaus sowie um eine ‚innere' Unabhängigkeit: gelungenes Leben ist ein eigenes, selbstbestimmtes Leben; 2. um eine psychosexuelle Identitäts-

---

[5] Vgl. hierzu auch D. BAACKE, Die 13–18Jährigen. Einführung in die Probleme des Jugendalters, Weinheim/Basel [8]2003.
[6] Vgl. die Beiträge von J. SAUTERMEISTER und M. SELLMANN zum Themaheft „Christliche Lebenskunst", in: ThPQ 157 (2009) 339–358.

findung: gelungenes Leben ist ganzheitliches Leben, umfasst Körper und Geist, Gefühl und Verstand; 3. um die Fähigkeit, tragende Bindungen aufzubauen und aufrechtzuerhalten: gelungenes Leben ist gemeinsames Leben; 4. um die Entwicklung eines persönlichen Wert- und Moralsystems: gelungenes Leben ist „gutes" Leben, d. h. orientiert am „Guten"; 5. um die Bereitschaft zur Arbeit und das Hineinfinden in eine eigene Tätigkeit: gelungenes Leben ist anstrengend, d. h. verlangt etwas ab und ist nicht „umsonst"; und 6. um eine Rückkehr zu bzw. um eine Wiederbegegnung mit den Eltern, wobei sowohl von den Jugendlichen als auch von den Eltern ein gegenseitiges partnerschaftliches Anerkennen als Ausgangspunkt der neuen Beziehung Voraussetzung ist: gelungenes Leben ist erinnertes, versöhntes Leben und verbindet Zukunft mit Herkunft, Geborgenheit mit Unabhängigkeit.[7]

## Leben können lernen

„Lebenskönnerschaft" besteht in der Kunst, sich gekonnt auf Chancen und Nöte, auf Widersprüche und Brüche des Lebens einzustellen. Hier kommt „Kunst" tatsächlich von „Können". Denn es hängt vom Können des Menschen ab, ob er etwas gut macht, d. h. etwas Gutes daraus macht und es auf gute Weise fertigbringt. Wo es um Lebenskönnerschaft geht, werden nicht Tun und Sollen, sondern Tun und Können zusammengebracht. Wer anderen Lebenskönnerschaft beibringen will, muss selbst eine Grundeinsicht solcher „Lebensschulung" beherzigen: Hier kann man lernen, dass man schon etwas kann. Und darüber hinaus kann man lernen, was man noch tun muss, damit man das, was

---

[7] Vgl. G. Klosinski, Was bedeutet eigentlich Pubertät?, in: KatBl 131 (2006) 323.

man kann, auch gekonnt hinkriegt. „Na siehst Du, Du kannst es doch!" – ich habe diesen Satz meines Sportlehrers noch im Ohr, als ich nach langem Zögern und Zaudern meinen ersten Salto vom 3-Meter-Brett schaffte. Danach sagte er: „Und jetzt mach weiter, bis Du es so gut kannst, dass Du es gut kannst." Er sagte nicht: „bis Du es am besten kannst" – auch nicht: „bis Du es so gut wie die Besten kannst". Er stellte mir als Ziel vor Augen: es gut zu können, d. h. es gekonnt zu können – also ein Könner zu werden. Das Ideal, das er mir vermitteln wollte, war mein Optimum, nicht ein Maximum. Es geht um Könnerschaft, nicht um Artistik und nicht um Rekorde.

Gefragt ist jenes Vermögen, wodurch ein Individuum kompetent sein Leben selbst zu führen vermag. Lebenskönnerschaft folgt nicht der Devise „Mach's Dir möglichst einfach!" oder „Mach's Dir möglichst schön und angenehm!" Ihr Thema ist das, was „ganz schön schwer" ist. Schön und schwer – das ist zunächst das Leben selbst. Lebenskönnerschaft hat darum zu tun mit dem Schweren am Schönen. Wenn der christliche Glaube existenziell relevant sein will, muss er sich diesen schweren Fragen stellen: Wie kann ich eines endlichen Lebens froh werden? Wie kann ich „ja" zu ihm und einer Welt sagen, in der es zu vieles gibt, zu dem ich ohne Wenn und Aber „nein" sagen muss? Wenn ich meine Identität über mein Tun und Machen definiere, wer bin ich dann noch, wenn ich machtlos bin? Und wenn all diese Fragen keine Antwort finden: Wie hält man die Fraglichkeit des Daseins aus? Wie lebt man mit offenen, ja sogar mit unbeantwortbaren Fragen?

Wie man mit diesen Fragen umgehen kann, ist keine Frage des Faktenwissens. Es geht bei ihnen ja um das Ungewisse. Hier hilft auch kein Regelwissen, um vom Bekannten auf Unbekanntes schließen zu können. Hier geht es um Bewusstseinsbildung im wahrsten Sinn des Wortes – um die Ausbildung eines bewussten Daseins, ohne das es kein Selbstbewusstsein und keine Selbstverwirklichung geben kann. Viele Menschen treten mit der Erwartung an religiöse Daseinsentwürfe und -deutungen heran, sie könnten ihnen helfen, ein authentisches Leben zu führen. Dabei machen sie eine Bedeutungsnuance des Wortes „authentisch" zugleich zu einer Bedingung: Es geht ihnen um ein Leben, das man „eigenhändig" führt und dessen Lenker man bleibt. Sie wollen „aus erster Hand" Anregungen, die zeigen, wie man das Leben in die eigenen Hände nehmen kann. Derart an der Individualität und Originalität, der Echtheit und Wahrhaftigkeit des Selbstseins interessiert, suchen sie die Einlösung eines Versprechens, das typisch für die Moderne ist.

Das große Versprechen der Moderne lautet: Jetzt kannst Du endlich ein eigener Mensch werden. Niemand hat Dir vorzuschreiben, wie Du zu leben hast. Finde es selbst heraus, was zu Dir passt. Du hast die Wahl. Führe kein Leben aus zweiter Hand. Schreibe Dir das Drehbuch Deiner Biografie selbst. Sei in einer Person Hauptdarsteller und Regisseur Deines Lebens! Sei ein moderner Mensch – ein „homo optionis" – einer, der wird, was er wählt, und aus sich macht, was er für sich auswählt. Hierbei bleibt allerdings offen, woran man Maß nehmen soll beim Auswählen. Auch das ist eine Grundfrage der Lebenskönnerschaft: Woran nehmen wir Maß, wenn wir Maßstäbe unserer Entscheidungen entwickeln wollen und müssen? Die entscheidende Frage an Jugendliche, deren Antwortet das eigene Leben ist, geht noch tiefer: Wie kann ich ein eigener Mensch werden? Wo kann ich Wurzeln schlagen und über mich hinauswachsen?

Die erste Herausforderung des Lebens besteht darin herauszufinden, wer man eigentlich ist und was man überhaupt kann. In der Lebenskönnerschaft geht es nicht darum, das zu können, was alle können müssen. Das unterscheidet sie vom kategorischen Imperativ Immanuel Kants. Nach diesem Imperativ macht man nichts falsch und muss man sich nichts vorwerfen lassen, wenn die Maxime des eigenen Willens zum allgemeinen Gesetz erhoben werden kann. Anders formuliert: wenn man nur das tut, was vernünftigerweise auch von allen anderen erwartet werden kann. Dabei bleibt ausgeblendet, ob jemand seine Identität, die Bestimmung seines Lebens nicht gerade darin findet, dass er etwas kann, was keiner sonst kann oder nicht so gut kann – dass also jemand ein Talent, eine Begabung, ein Charisma hat, das ihn zu etwas Besonderem macht. Dass man ein „eigener Mensch" wird, indem man die Ausformung dieser Besonderheit weder sich noch anderen schuldig bleibt, auch darin besteht Lebenskönnerschaft. Wer den kategorischen Imperativ befolgt, führt ein moralisch untadeliges Leben – aber noch kein eigenes.

Schön und schwer ist das Jungsein. Schön und schwer ist es, aus einem Moratorium von Pflichten und Bindungen und aus einem Laboratorium von Freiheiten etwas „richtig Gutes" zu machen. In dieser Herausforderung und Verlegenheit liegt eine große Chance für die Vorbereitung auf die Firmung – als Gelegenheit für die Vermittlung und Einübung einer „Lebenskönnerschaft", die vom Glauben an Gott inspiriert ist. Die Firmung ist dann nicht ein Initiationsritus in eine Lebensphase oder in eine Lebensgemeinschaft, sondern die Initiation in die Entdeckung des eigenen Selbst und in einen Lebensstil bzw. eine Lebenseinstellung, die ein Leben lang tragen kann.


## Religion in der Pubertät: Mit der Kirche fremdeln

Genau diese Chance steht aber in der Gefahr, dass sie gar nicht erst wahrgenommen wird – und zwar von beiden Seiten (Jugend und Kirche). Jugend und Jungsein sind durch eine biografische Übergangssituation definiert. Es geht um Jugendliche, die den Kinderschuhen entwachsen sind, die sich vom

Elternhaus lösen, die ihre Schulpflicht erfüllt haben und auf die nun mehr und mehr der „Ernst des Lebens" zukommt. Jugendliche entwachsen den Bindungen ihrer Familie und betreten ein Terrain der Nichtfestgelegtheit. Sie sollen und wollen ein „eigenes" Leben führen, ohne dass auch schon hinreichend klar ist, was das Eigene ausmacht. Sie sollen und wollen Überzeugungen entwickeln, die nicht mehr in äußerer Anleitung und unter schulischer Aufsicht eingeübt werden, sondern die sie von innen heraus binden – unter Anleitung ihres eigenen Gewissens. Die soziale Umwelt der Jugendlichen, ihre Institutionen und Autoritäten müssen die Jugendlichen freilassen und wollen sie zugleich wieder für sich gewinnen. Dazu gehört auch, (dass man von ihnen erwartet,) dass sie sich freiwillig in jenen Raum sozialer Werte und Ordnung einbringen, der ihnen bisher autoritär gegenüberstand.

Darauf zielt nicht zuletzt die Kirche mit dem Firmsakrament. Es ist jedoch evident, dass unter den sozio-kulturellen Bedingungen der Gegenwart Theorie und Praxis der Firmung als Ritus der Initiation in die Kirche mit dem Selbstverständnis der meisten Firmlinge nicht zur Deckung zu bringen sind. Jugendliche im Firmalter wehren sich gegen vorgegebene Inhalte, Wertmuster und Rollenprägungen der Erwachsenenwelt. Sie befinden sich im Prozess der Ablösung, im Zustand der Unruhe, in der Haltung des Protestes und der Kritik. Sie wollen sich nichts mehr sagen lassen; sie ertragen es kaum, wenn jemand ihnen gegenüber das letzte Wort haben will. Es gibt für sie auch Wichtigeres als die Religion.[8] Kirche wird für sie zur „fremden Hei-

---

[8] Empirischen Untersuchungen zum Thema „Jugend – Religion – Kirche" (z. B. Sinus Milieustudie U 27, Shell Jugendstudie 2006) zeichnen ein ernüchterndes Bild hinsichtlich der religiösen Beheimatung und kirchlichen Ansprechbarkeit Jugendlicher in Deutschland. Vgl. dazu im Einzelnen BDKJ Misereor (Hg.), Wie ticken Jugendliche? Düsseldorf 2008; Th. Wienhardt, Jugend der Gegenwart. Jugendkulturen im Umfeld von Kir-

mat" – selbst wenn sie aus einem katholischen Elternhaus stammen und/oder über etliche Jahre im Leben der Gemeinde aktiv (z. B. als Ministranten) teilgenommen haben. Viele fangen spätestens in der Pubertät an, mit der Kirche zu fremdeln. Etliche genieren sich, noch für eine Sache einzustehen, die nach Ansicht ihrer Altersgenossen höchst „uncool" ist …

Zugleich aber steht ihr eigenes Leben im Zeichen der Unsicherheit, zum ersten Mal steht die Zukunft zur Wahl: Wer will ich sein, was kann ich, was soll ich tun? Wie schafft man es, ein „eigener" Mensch zu sein, d. h. Wurzeln zu schlagen und über sich hinauszuwachsen? Wie kriegt man es hin, frei und sich zu eigen sein zu können, aber dies nicht allein und in Einsamkeit sein zu müssen? Wie muss ich sein, dass ein anderer mit mir leben will und kann? Wie muss ein anderer sein, dass ich mit ihm/ihr leben will und kann? Es ist durchaus eine Zeit, die ebenso von Sehnsüchten bestimmt ist, wie sie von Ängsten und Fragen umgetrieben wird.

Die Suche nach Antworten auf existenzielle Fragen ist allerdings meist gepaart mit dem Gestus der Abwehr fertiger Antworten, wie sie Institutionen der Erwachsenenwelt (Schule, Kirche) offerieren. Eltern müssen wahrnehmen, dass ihre Kinder von allem scheinbar nichts wissen wollen, was ihnen selber lieb und teuer, hoch und heilig ist. Jugendliche kommentieren diesen Umstand mit dem Satz: „Pubertät ist, wenn die Eltern anfangen, schwierig zu werden."[9] Für beide Seiten liefert die Pubertät ständig Veranschaulichungen für das blasse Philosophenwort „Kontingenz": Unberechenbarkeit, Unerwartbarkeit,

----------

che, Glaube und Jugendarbeit, Düsseldorf 2009; P. Becker/St. Mokry (Hg.), Jugend heute – Kirche heute, Würzburg 2010.
[9] Vgl. hierzu auch den „Elternratgeber" von A. Biesinger/W. Tzscheetzsch, Wenn der Glaube in die Pubertät kommt, Freiburg/Basel/Wien 2005.

Unbeständigkeit – der Bestand des Unverfügbaren und Unkontrollierbaren nimmt rapidel zu.

Jung sein heißt somit: im Zwiespalt leben – mit sich selbst, mit anderen, mit der Welt zurechtkommen müssen und es auf lange Sicht doch noch nicht können; einer Festigkeit bedürfen und sie dennoch ablehnen, da das Leben im Zeichen der Flexibilität und Mobilität stehen soll. Die anbrechende Zeit der Selbstbestimmung ist nicht selten eine Zeit des Sich-nicht-Festlegenwollens, des spielerischen Ausprobierens, also eine Phase der Unbestimmtheit.

Eltern stehen in der ständigen Versuchung, darauf mit einer Moral des Sollens zu reagieren und bei Appellen Zuflucht zu nehmen: „Reiß Dich zusammen! Denk an Deine Zukunft!" Eine den Jugendlichen gemäße Anleitung zur Lebenskönnerschaft, die für die Kontingenzen der Jugend eine passende Umgangsform anbieten will, müsste jedoch anders ansetzen. Sie müsste einerseits das Ungewisse, Offene dieser Situation zum Thema machen und andererseits eine verlässliche Perspektive des Aushaltens dieser Ungewissheit vorstellen.

## Geist Gottes – Geist der Jugend

Verlässlichkeit und Offenheit – geht das überhaupt zusammen? Spielerisches Ausprobieren und ernstes Festhalten, Orientierung am Seriösen und Lust am Leben – verträgt sich das? Meistens nicht! Zumindest nicht in der Erwachsenenwelt, die Verlässlichkeit mit Ordnungsstrukturen assoziiert und das Spielerische für etwas hält, das weder Maß noch Ziel kennt. Aber muss alles Ernsthafte wirklich gepaart sein mit jenem tödlichen Ernst, mit dem menschliche Festlegungen daherkommen als Verfügungen, Verordnungen, Vereidigungen, bewehrt mit Sanktionen bei Zuwiderhandlungen? Der Geist solcher Festlegungen ist evident: Das Interesse am reibungslosen Funktionieren, der Wunsch nach regelkonformer Verlässlichkeit dominieren. Oder kann man aus einem anderen Geist heraus handeln, der im Unterschied dazu für eine andere Verlässlichkeit steht? Ein Geist, der auf eine Weise ernst macht, die vor Starrheit, Sturheit und tödlicher Langeweile bewahrt?

Wenn man das Neue Testament danach konsultiert, was passiert, wenn beides zusammenkommt – Freiheit und Verlässlichkeit, Spiel und Ernst – so entdeckt man etwas scheinbar Paradoxes. Es passiert etwas, womit man nicht rechnet: unberechenbare Verlässlichkeit, unkalkulierbares Miteinander. „Wo der Geist des Herrn ist, da ist Freiheit" (2 Kor 3,17). Nach alter theologischer Überzeugung sind die Merkmale der Freiheit die Erkennungszeichen des Geistes Gottes – sie sind aber auch die Merkmale der Jugend, sodass wir vor einer bemerkenswerten Entsprechung stehen: vor einer Entsprechung, die zwischen den „Charakteristika" der Jugend und den „Charakteristika" des Geistes besteht.

- Unberechenbarkeit: Der Geist weht, wo er will (Joh 3,8).
- Spontaneität: Der Geist kann nicht nur weitermachen wie bisher, sondern auch neu anfangen – ganz von selbst (Ez 37; Apg 1–2).
- Attraktivität: Der Geist hat Charme – er zieht an und sucht Partner, auf die er „überspringt" und die er für sich in Beschlag nimmt (Gal 5,25; 1 Kor 12,1–11; Röm 12).
- Andersheit: Das Maß des Geistes ist nicht die Mitte, sondern die Grenze bzw. das Andere, von dem Zumutungen und Ermutigungen ausgehen (1 Kor 14,1–5).
- Vitalität: Der Geist ist dort, wo etwas los ist (Ps 104).

Diese Beobachtungen bewegen sich offenkundig fernab dessen, was gemeinhin als die Grundaussage des Firmsakramentes ausgegeben wird. Dabei geht es meist um die Betonung der „Initiation in die Kirche", um die „Sendung zum Zeugnis des Evangeliums", um die „Beauftragung zum Apostolat".[10] Allerdings sind dies nachrangige Bedeutungen. Sie werden im eigentlichen Ritus der Firmspendung nicht erwähnt. Hier ist von etwas ganz anderem die Rede. Hier geht es um ein Zeichen der „GeistesGegenwart Gottes". Auch für die Firmung trifft zu, was alle Sakramente kennzeichnet: Sie sind „Zeichen der Nähe Gottes" (Th. Schneider) in existenziellen Grund- und Übergangssituationen des Menschen. Bei der Firmung geht es um den Übergang in die Mündigkeit und um die Besiegelung dieser Mündigkeit. Ein mündiger Mensch wird selbst den Mund aufmachen – um gemäß kirchlicher Erwartung ein Zeuge für das Wort Gottes zu werden. In der Tat braucht Gott solche Mündigkeit, damit er in der Welt zur Sprache kommt und in seinem Wort zur Welt kommt. Aber Gott geht es dabei nicht allein um sich selbst oder vordringlich um die Kirche. Zunächst geht es ihm um eine Begabung und Bestärkung des Menschen, die zuerst dem Menschen selbst und seiner Mündigkeit und erst dann der Kirche zugutekommen.

Der Firmritus beginnt mit einem Fürbittgebet um die „Ausgießung" des Geistes Gottes: „Wir bitten dich, Herr, sende ihnen den Heiligen Geist, den Beistand. Gib ihnen den Geist der Weisheit und der Einsicht, des Rates, der Erkenntnis und der Stärke, den Geist der Frömmigkeit und der Gottesfurcht." Darauf folgt die eigentliche Spendung des Sakramentes durch die Salbung mit Chrisam auf der Stirn unter Auflegung der Hand und das Aussprechen der Formel: „Sei besiegelt durch

---

[10] Mit diesem Ansatz bewegen sich zahlreiche firmpastorale Konzepte fernab der Lebenswirklichkeit Jugendlicher. Vgl. als ein solches Beispiel, das seine theologischen Grundlagen selektiv aus den kirchenrechtlichen (!) Bestimmungen zum Firmsakrament bezieht, P. C. Höring (Hg.), Firmpastoral heute. Theologischer Anspruch und pastorale Realität, Kevelaer 2008, bes. 15–38, 103–115.

die Gabe Gottes, den Heiligen Geist." Es geht hierbei somit um die Begabung des Menschen, d. h. ihm wird die Kraft Gottes zugesprochen, die das stärkt, was er bereits als Geschöpf Gottes an Gaben und Talenten besitzt. Im Mittelpunkt steht die Zusage, dass ihm Gott mit seinem Geist und seiner Kraft bei dem Bemühen beisteht, seine Talente und Begabungen zu erkennen („Was steckt eigentlich in mir?") und sie zu kultivieren („Was kann ich eigentlich aus mir machen?"). Der Geist Gottes macht Ernst mit der inneren und äußeren Freiheit des Menschen. Jungen Menschen, die anfangen, sich ihre Freiheit(en) zu nehmen, setzt er nicht Grenzen, sondern eröffnet er Spielräume, in denen gelernt werden kann, wie man gekonnt mit Freiheit umgeht und welches Vermögen man dazu braucht.

## Geistesgaben: Firmung und Lebenskönnerschaft

Wo es um Lebenskönnerschaft im Sinne des Evangeliums geht, muss am Anfang die Devise stehen: „Keiner kann nichts!" Hier kann man lernen, dass man schon etwas kann. Und hier können Jugendliche herausfinden, was in ihnen steckt. Hier geht es um die Begabung, die ein Mensch mitbringt und die er zuvor vielleicht selbst gar nicht zu würdigen wusste, weil sie in keiner seiner bisherigen Lernumgebungen eine Rolle spielte. „Hochbegabte" – das waren bisher immer die anderen: die Einserkandidaten in Mathe, die Cracks im Sport, die Freaks in der Informatik-AG, die Solisten im Schulorchester. Aber dies sind noch lange nicht alle Begabungen und Talente, die es gibt. Und es kann sein, dass die eben aufgezählten Spitzentalente sich außerhalb ihres Spitzenbereiches sehr schwer tun, aber andere zu großer Form auflaufen.

Eine Hilfe für das Auffinden der ganz anderen Begabungen stellt die Rede von den „Gaben des Heiligen Geistes" (vgl. 1 Kor

12,8–10; Jes 11,2) dar. Es kommt darauf an, sie aus den konventionellen Deutungsmustern[11] herauszuholen und neu als Befähigung zu einer Lebenskönnerschaft zu interpretieren.[12] Es geht dabei auch um die Frage, woran sich ermessen lässt, dass man wirklich ein eigenes und kein fremdbestimmtes Leben führt. Selbstbestimmung verlangt äußere und innere Freiheit. Man wird gewiss kein eigener Mensch, wenn man die Bestimmung des eigenen Tuns und Lassens jeweils von Lust und Laune abhängig macht. Inwiefern machen also die Gaben des Geistes Gottes einen Menschen tauglich für die Herausforderungen des Daseins und des Selbstseins? Ermöglichen sie eine Charakterbildung, wie sie ein Mensch braucht, der weder Spielball gesellschaftlicher Moden und Allüren ist, noch an den Fäden seiner wechselnden Vorlieben hängt? Nicht minder kommt es darauf an, die Rede von den Gaben des Heiligen Geistes resonanzfähig zu machen für die spezifische Situation der Jugendlichen. Aufgabe und Chancen eines Firmkurses wären dann, ihnen die Möglichkeit zu geben, ihre unerkannten oder verkannten Begabungen als Charismen zu entdecken. Vielleicht handelt es sich dabei sogar um Begabungen, die sich in einem Verhalten verstecken, das Jugendliche für Erwachsene „schwierig", aber für andere Jugendliche auf bisweilen paradoxe Weise zu „Geistbegabten" macht:

- *Aufbegehren* ist Ausdruck einer inneren *Stärke:* Anpassung wird verweigert, man will gegen den Strom schwimmen. Ohne diese Stärke gibt es keine Geradlinigkeit und Verlässlichkeit im Miteinander. Wer jemanden den Rücken stärken kann, braucht selbst ein starkes Rückgrat und darf sich nicht alles bieten lassen.

---

[11] Vgl. Y. CONGAR, Der Heilige Geist, Freiburg/Basel/Wien 1982, 264–270; W. SANDFUCHS (Hg.), Die Gaben des Geistes, Würzburg 1977.
[12] Prominente Vorlagen könnten sein: BONAVENTURA, „Collationes de septem donis Spiritus sancti" (1267) und THOMAS V. AQUIN, Summa Theologiae I/II, q. 68–70; II/II, q.8, 9, 19, 45, 52, 121, 139.

- *Widerspruch* ist Ausdruck einer tieferen *Einsicht:* Ein vorschnelles Urteil über einen Menschen, das an seinem Äußeren Maß nimmt, muss sich korrigieren lassen, wenn und weil jemand mit seinem Herzen tiefer sehen kann und einem anderen ins Herz zu sehen vermag.

- *Respektlosigkeit* ist Ausdruck von *Gottesfurcht:* Wer selbst nicht angstvoll mit Autoritäten umgeht, kann anderen Mut machen, vor autoritärem Gehabe nicht in die Knie zu gehen. Die innere wie äußere Kniebeuge ist allein gegenüber Gott angebracht.

- Jugendliche *Unbelehrbarkeit* erzeugt elterliche Ratlosigkeit. Beides wird gemildert, wenn im Freundeskreis der Jugendlichen die Möglichkeit des „*Sichberatschlagens*" besteht und es einen Freund gibt, dem man das ganze Herz ausschütten kann.

- *Eigensinn* ist Ausdruck von *Weisheit* und *Erkenntnis:* Wer das in den Augen der anderen „Vernünftige" ausschlägt und nach dem sucht, was das „Wahre" für sich selbst ist, macht sich auf den Weg, den Sinn des eigenen Lebens zu finden.

Mit nichts kann man einem Jugendlichen mehr helfen als mit der Entdeckung eines besonderen Talentes, einer Gabe, eines Charismas, das es zu entwickeln gilt und das einen Menschen zu einem Original macht. Das Risiko, dass sich solche Originalität zunächst „widerspenstig" manifestiert, muss man gegenüber und mit den Jugendlichen eingehen – vor allem in der Kirche.[13]

---

[13] Zu riskanten und risikoscheuen Ansätzen siehe auch P. C. Höring, Firmung – Sakrament zwischen Zuspruch und Anspruch, Kevelaer 2011.

## Kirche: Zumutung und Ermutigung

Wie würde eine Kirche aussehen, die in den Charismen der Jugend(lichen) den Geist Gottes erkennt und sich ihrerseits von diesem Geist buchstäblich inspirieren lässt? Was würde sie als „Bürgerinitiative des Heiligen Geistes" auszeichnen?

- Es wäre eine Kirche, in der man sich auch *Frechheiten* erlauben, gegen Autoritäten *aufbegehren* darf und sich nicht jedem Anpassungsdruck fügt. Es wäre keine Kirche, die sich aus allen Krisen und Konflikten heraushält. Wer nur am Ufer steht, kann nicht gegen den Strom schwimmen.

- Es wäre eine Kirche, die ein Einsehen hat, wo Normen und Zwänge nichts ausrichten, sondern nur zu Verhärtungen führen. Stattdessen gibt sie der *Barmherzigkeit* Raum, die Gnade vor Recht ergehen lässt, nachdem Recht gegen Unrecht gesetzt wurde.

- Es wäre eine Kirche, in der ein Klima der gottverdankten *Angstentmachtung* herrscht und nicht eine Atmosphäre des Kleinmutes, der Verzagtheit oder des ängstlichen Schielens nach der Gunst der Mächtigen. Hier gründet sich Autorität nicht auf Macht und Status, sondern auf das Vermögen, die Freiheit der „Kinder Gottes" und ihren wechselseitigen Respekt zu mehren. Macht zieht Duckmäuser an, Angst fördert Denunziantentum.

- Es wäre eine Kirche, die sich ihre Unzulänglichkeiten unbeirrt auf dem Weg *geschwisterlicher Zurechtweisung* („correctio fraterna") vorhalten lässt. Fehlerlos ist niemand und korrigierbar ist auch das Kirchenrecht. Unfehlbar kann im Sinne des Evangeliums nur sein, worauf im Leben und Sterben unbedingt Verlass ist. Um alles andere darf und muss man in der Kirche ringen. Über alles andere gilt es, sich Rat zu holen und guten Rat anzunehmen.

- Es wäre eine Kirche, die auch Raum bietet für die *Eigensin-*

*nigen*. Sie wäre nicht willens, den Abweichlern, Trotzköpfen, Widerspenstigen von sich aus ihre Zugehörigkeit aufzukündigen. Man mag aus ihr austreten dürfen, aber kann nicht von ihr ausgeschlossen werden.

Eine Kirche, welche diese Zumutungen des Geistes Gottes nicht aushält, vermag auf Dauer Jugendliche nicht zu halten. Und viele Erwachsene werden es in ihr auch nicht mehr lange aushalten. Eine solche Kirche bietet keinen Zusammenhalt im Geist des Evangeliums. Von welchem Geist sie dann zusammengehalten wird, lässt sich leicht ausmalen. Es ist ein Geist, der auf reibungsloses Funktionieren aus ist, der den Wunsch nach genormter Verlässlichkeit erfüllen will und das Bedürfnis nach Festigkeit und Ordnung befriedigt. Nach populärer Überzeugung besteht genau darin auch der Ernst des Lebens. In einem solchen Leben ist in enge Schranken gewiesen, was das Leben eigentlich annehmbar macht: Heiterkeit, Humor, Lust und Laune.

Kirche und Jugend – das geht oft nur schwer zusammen. Aber Kirche, Lust und Laune – das geht noch viel schwerer zusammen. Der inoffizielle Patron vieler Kirchen ist der heilige Ernst. Er sorgt dafür, dass es in Glaubensdingen vor allem würdig, geordnet und gesittet zugeht. Er passt auf, dass ein Halleluja in der Osternacht nur auf ein entsprechendes liturgisches Kommando gesungen wird. Der Glaube ist eine zu ernste Sache, als dass er zugleich Anlass für Heiterkeit, Humor und Spaß sein könnte.

Für Jugendliche macht eine ernste Sache nur dann Sinn, wenn sie auch Spaß macht. Und nur was Spaß macht, wird überhaupt gemacht. Bei Dingen, die gerne getan werden, steigt zudem die Wahrscheinlichkeit, dass sie gut gemacht werden. Was lustlos oder missmutig erledigt wird, wird in der Regel auch zu einem freudlosen Abschluss gebracht. Dagegen erinnert die Kirche gerne an Pflichten, die zu erfüllen sind, ohne dass dabei ein Lust- oder Spaßfaktor mit im Spiel ist. Das macht ja gerade das Verpflichtende an der Pflicht aus.

Wo der Geist Gottes weht, eröffnet er hingegen noch eine andere, weitere Perspektive. Lebenskönnerschaft hat auch damit zu tun, dass ein Mensch Freude am Leben empfindet. Lebensfreude stellt sich ein, wenn im Leben ein bestimmtes Tun „spielend" gelingt. Das Wort „Spiel" meint ursprünglich ein „ungehindertes Hin und Her", das von der tänzerischen Bewegung eines Musikanten und Schauspielers, eines „Spielmanns", bis hin zum Maschinenteil reicht, das „Spiel hat". Das Spielerische ist auch eine Eigenschaft der Gaben des Hl. Geistes. Denn auch bei ihnen geht es um Beweglichkeit und Freiheit. Das Spiel lebt von der Lust an einem Tun, das aus freien Stücken begonnen wird und dessen Regeln einen offenen Ausgang vorsehen. Jedes Spiel wird gleichwohl verdorben, wenn man mehr Aufmerksamkeit seinen Regeln und ihrer peinlich genauen Einhaltung schenkt als Freude an gewitzten oder überraschenden Spielzügen entwickelt.[14] Ähnlich verhält es sich mit dem „Spiel" des Lebens. Es misslingt, wenn es verkrampft geführt wird und wenn ernstlich keine Offenheit für Überraschendes und Neues besteht. Nicht anders verhält es sich mit dem Glauben. Auch er wird zu einer freudlosen Angelegenheit, wenn nur die „Glaubenswächter" das Sagen haben.

Aber was zeichnet eine Kirche aus, in der Glaubens- und Lebensfreude nicht verderben? Kommt es auf das rechte Maß von Pflicht und Lust an? Muss dieses Maß in der Mitte liegen? Wieviele Abweichler von diesem „Mittelmaß" werden toleriert? Kommen in der Kirche noch jene Extreme zusammen, die zusammengehören: Verlässlichkeit und Freiheit, Sinn(lichkeit) und Verstand?

---

[14] Vgl. auf dieser Linie J. SPLETT, Spiel-Ernst. Anstöße christlicher Philosophie, Frankfurt a. M. 1993, 9–20.

# 7. Kirche mit Sinn und Verstand: Symbole, Riten, Rituale

ZU DEN ZEICHEN unserer Zeit gehört die Gleichzeitigkeit des scheinbar Gegensätzlichen. Hier kommt zusammen, von dem man lange Zeit bezweifelt hat, dass es noch zusammenpasst. Für geraume Zeit galt als unstrittige Überzeugung einer Gesellschaft, die vom Spontanen, Kreativen und Innovativen lebt und in allem Beharrenden und Wiederkehrenden nur den Widerpart des Fortschritts sehen kann, dass der moderne Mensch ohne feste Riten und Rituale auskommen könne und solle. Inzwischen stellt sich die Einsicht ein, dass man keineswegs alles Beständige und Bleibende ausschlagen muss, um flexibel, spontan und kreativ zu sein. Gerade im säkularen Raum sind heute Riten und Rituale als Taktgeber oder Fixpunkte alltäglicher Lebenspraxis wieder gefragt. Ohne stabile und sich wiederholende Momente ihrer Alltagspraxis scheinen auch für moderne Menschen in einer unübersichtlichen, von ständigen Innovationen geprägten Gesellschaft die notwendige Wirklichkeitsvertrautheit, Biografiekohärenz und Identitätsstabilität nicht herstellbar und erhaltbar zu sein.[1]

Dieser Umschwung ist bezeichnend für eine „postsäkulare" Gesellschaft, die inmitten des Säkularen das Religiöse wiederentdeckt. Einerseits ist in nahezu allen westlichen Gesellschaften eine enorme Erosion der traditionellen Religionskulturen erkennbar. Große Anteile kirchlich gebundener Religiosität verdunsten. Anderseits kondensiert ein großer Teil auch wieder in der Gesellschaft – nun aber meist in säkularen Feldern, ab-

---

[1] Vgl. exemplarisch J. ZIRFAS, Vom Zauber der Rituale. Der Alltag und seine Regeln, Leipzig 2004.

seits der etablierten religiösen Institutionen. Dabei sind nicht nur Verluste religiöser Traditionen zu beobachten, sondern auch Neuformatierungen existenzieller Sinnsuche und ihrer Ausdrucksformen.[2] Signifikant für die Phänomene einer neuen sozialen Antreffbarkeit des Religiösen ist der Umstand, dass sie sich vor allem im Format des Ästhetischen ereignen.

## Die Sinne ansprechen – bei Sinnen sein!

Aus dem Fundus religiöser Traditionen werden vor allem jene Elemente nachgefragt und angeboten, die unmittelbar die Sinne ansprechen und im Menschen einen „sensus" wecken wollen für die Sinndimension des Daseins. Dahinter steht vielfach die Erwartung, man könne im Vollzug der Sinne die Sinnlichkeit übersteigen auf die Sphäre des Sinns – und man könne im Gegenzug mit ästhetischen Mitteln Sinn übersetzen in die Sinnenwelt. Was das Leben ausmacht und erfüllt, was ihm Wert und Bedeutung gibt, kurz: was es dem Menschen als zustimmungsfähig erscheinen lässt, muss ihm offensichtlich zu Ohren kommen, ins Auge fallen, ein Wohlgefühl erzeugen. Vielleicht muss er dafür auch „ein Näschen haben" oder einen besonderen „Geschmack" entwickeln. Im Rendezvous der Sinne stellt sich etwas vom Sinn des Lebens ein – so hofft man. Für Ort und Zeit dieses Rendezvous stehen nicht zuletzt Riten und Rituale. Hier kann der Mensch bei allen Sinnen sein. Die Kirche sollte es ihm gleich tun und – gemäß einer häufig geäußerten Forderung – eine verkopfte Theologie und Liturgie endlich aufgeben.

Verstärkt wird diese Entwicklung durch den anhaltenden Trend zu einer „Erlebnisorientierung", „Subjektzentrierung"

---

[2] Vgl. H.-J. Höhn, Postsäkular. Gesellschaft im Umbruch – Religion im Wandel, Paderborn/München/Wien/Zürich 2007.

und „Psychologisierung" religiösen Suchens und Findens. Während in den 1970er Jahren noch eine sich sozial und politisch definierende Religiosität die Relevanz jeder Glaubenspraxis an gesellschaftlich erhofften Auswirkungen festmachte, hat sich die Nachfrage nach Religion seit den 1990er Jahren zunehmend mit subjektzentrierten und therapeutischen Interessen legiert. Sie hält religiöse Bekenntnisse nur insoweit für belangvoll, wie sie bestimmte Wirkungen *im* religiösen Subjekt hervorrufen: Gefühle, Stimmungen, Ekstasen, Betroffenheit, Ergriffenheit, Trance, die vom Subjekt als heilsam, befreiend, bewusstseinserweiternd, erhebend etc. erlebt werden.

Als Auslöser solcher Empfindungen empfehlen sich vor allem Riten und Rituale. Gegenüber Dogma und Moral zeichnet sie aus, dass hier offenbar unmittelbar erlebbar ist, was Religion leisten kann: Medium zu sein für den „Grenzverkehr" zwischen Immanenz und Transzendenz, für die sinnliche Repräsentanz des den Sinnen Entzogenen. Nicht zuletzt ist jede Religion zunächst selbst ein ästhetisches Phänomen. Was ein Beobachter stets zuerst von ihr wahrnimmt, ist ihr Erscheinen in Riten und Ritualen. In ihren Kultpraktiken, Symbolen und Liturgien vergegenwärtigt sich eine Religion. Aber sie zeigt dabei nicht nur etwas von sich, sondern ebenso, wie sie gesehen werden will.[3] Über die Formen ästhetisch-kultischer (Selbst-)Darstellung ebnet sich darum auch ein originärer Zugang zu den Geltungsansprüchen einer Religion. Erst dahinter ist eine religiöse Lehre oder Moral zu entdecken.

Riten und Rituale haben einen entscheidenden Vorteil gegenüber dogmatischer und moralischer Glaubenskommunikation: Moral verlangt, dass Taten folgen, damit sich eine Überzeugung praktisch auswirken kann. Ein Ritual realisiert bereits

---

[3] Siehe hierzu etwa mit zahlreichen interreligiösen und interkulturellen Verweisen M. NEUHAUSER (Hg.), Religion und Rituale, Berlin 2009.

in „Tateinheit" von Wort und Wirkung die Sphäre, in der es sich bewahrheitet. Seine ästhetische Kraft besteht darin, dass es vollzieht, was es behauptet. Dogma ist der begriffliche Reflex einer Einsicht und Erfahrung, die den Menschen gepackt hat; ein Ritual realisiert Ergriffenheit. Man kann sich im Ritual sinnlich von dem ergreifen lassen, wovon sonst in begrifflicher Distanz die Rede ist. Wer an ihm teilnimmt, wird innerhalb kurzer Zeit nahezu unweigerlich vom Zuschauer zum Beteiligten und Betroffenen. Bei der katholischen Begräbnisliturgie wird dieser kritische Punkt spätestens dann erreicht, wenn am offenen Grabe für den Menschen gebetet wird, der „als nächster aus unserer Mitte von uns genommen wird". Keine philosophische Reflexion über die Sterblichkeit des Menschen vermag nachdrücklicher und unmittelbarer ein „memento mori" zu artikulieren. Deutlich wird an diesem Beispiel: Ein Ritual stößt nicht nur etwas an, sondern löst etwas aus. Es spricht nicht (nur) über etwas, sondern spricht etwas zu, indem es einen Menschen auf Existenzielles anspricht. Nicht das Nacheinander von Information und Reaktion, von Hören und Verstehen, Anspruch und Einlösung, sondern die Gleichzeitigkeit dieser Aspekte, ihr Ineinander in einer „performance" ist für religiöse Rituale charakteristisch und macht sie attraktiv.

In einer Zeit, da den Menschen nur noch in den Sinn kommt, was ihre Sinne anspricht, sind Theologie und Pastoral gut beraten, wenn sie sich um eine entsprechende Glaubensästhetik bemühen. Allerdings sollten sie nicht alle Bedenken in den Wind schlagen, die gegen eine ritualisierte Glaubenskommunikation angeführt werden. Auch Riten und Rituale bergen Risiken und entwickeln ungewollte Nebenwirkungen. Zwar muss auch in Religionsdingen die Ästhetik stimmen. Aber längst stimmt nicht alles, wenn nur die Ästhetik stimmt.

## Kult ist „kult"?

Nicht selten trifft der Trend zum Ritual in der katholischen Kirche auf eine generationentypische Skepsis – vor allem bei den heute 50- bis 65-Jährigen im pastoralen Dienst. Wer Ende der 1960er und in den 1970er Jahren Theologie studierte, geriet in die Zerreißprobe der Liturgiereform des II. Vatikanischen Konzils und ihrer Nachwehen. Auf dem Feld der Liturgie wurde erbittert der Streit zwischen „Progressiven" und „Konservativen" ausgetragen. Die Verteidigung überkommener liturgischer Formen und Formeln wurde zum Identifikationsmerkmal der Konservativen. Wer progressiv sein wollte, musste sich scharf von jedem Ritualismus und Formalismus absetzen. Wer gegen liturgische Experimente und gegen liturgischen Relativismus protestierte, sah sich selbst in der Position des dogmatisch Korrekten und in der Gegnerschaft zu theologischer Beliebigkeit. Nur wenige neue Formate ästhetisch-liturgischer Inszenierung des christlichen Glaubens fanden allseits Zustimmung. Das Taizé-Gebet ist hier weithin die Ausnahme geblieben.

Kultur- und religionskritische Beobachter betrachten die neue religiöse Ritenfreudigkeit ebenfalls skeptisch – wenngleich in einem anderen Kontext und aus anderen Gründen. Nicht als ein Widerlager oder Gegenentwurf zu dominanten sozio-kulturellen Tendenzen, sondern als deren Dublette zeigt sich ihnen der Trend zum Ritual. Denn in ihm spiegeln sich Muster und Merkmale einer „Inszenierungsgesellschaft", die ihre Prinzipien in der Ästhetik ansiedelt und darauf erpicht ist, dass sich alles Wichtige ins rechte Bild setzen oder in bewegte Bilder umsetzen lässt.[4] Ihr erstes Gebot lautet: „Zeig's mir!" Wer im Wettbewerb um Aufmerksamkeit bestehen will,

---

[4] Vgl. H. WILLEMS (Hg.), Theatralisierung der Gesellschaft. 2 Bde., Wiesbaden 2009.

muss über etwas Ansehnliches verfügen und Blickfänger einsetzen. Wer nicht hören will oder fühlen kann, muss wenigstens etwas zu sehen bekommen – und zwar am besten in wiederum bildreichen Inszenierungen.

Die Inszenierungsgesellschaft stellt alles unter Veranschaulichungsdruck. Nur sinnlich Attraktives vermag noch existenziell und intellektuell anziehend zu sein. Etwas muss „zum Anfassen" sein, soll man mit ihm etwas anfangen können. Allerdings entscheidet das Auge dabei mit. Es rät dazu, vom Unansehnlichen tunlichst die Finger zu lassen. Die Inszenierungsgesellschaft begnügt sich aber oft mit „Ansichtssachen", die Blicke auf Bilder und nicht auf die Wirklichkeit hinter diesen Bildern ziehen. Spätestens hier zeigen sich negative Nebenwirkungen und Spätfolgen einer Ästhetisierung und Theatralisierung medial vermittelter Wirklichkeit. Wo man in Bildern die Welt medial und massenhaft reproduziert, wird auf Dauer das Reale primär in seinen ästhetischen Reproduktionen angetroffen. Inzwischen produzieren Medien Realitäten, die nur in ihnen präsent und zugänglich sind. Es gibt für das Medium und seine Nutzer kein „Außerhalb" mehr. Wer tiefe Gefühle erleben will, schaut sich im Fernsehen die Inszenierung tiefer Gefühle an und hat dann selber welche.

## Inszenierter Glaube?

Wer im säkularen Raum den zahlreichen Inszenierungen nachgeht, stellt vielfach fest, dass diese nicht mehr transparent sind auf eine Wirklichkeit „hinter" einer Erscheinung, sondern sich darin erschöpfen, nur das Zeigen zu zeigen. Es gibt kein „Worauf" mehr, auf das eine solche Performance verweist. Sie zeigt nur, was sie selbst ist. Sie stellt nicht mehr „etwas" dar, sondern ist Darstellung des Darstellens – und im schlimmsten Fall die

Selbstdarstellung der Darsteller. Hier wird nur „Theater gemacht" – und sonst nichts.

Wer in religiösen Szenen unterwegs ist, hat ebenfalls Grund und Anlass, den ästhetischen Eindrücken zu misstrauen – vor allem dann, wenn Erweckungsliturgien auf Eventformat getrimmt werden und säkularen Stilisierungen des Spektakulären in nichts nachstehen. Bald sind genügend Indizien für den Anfangsverdacht gesammelt, dass auch hier Sein und Schein nicht mehr zu trennen sind. Wie lässt sich frommes Getue ausschließen, bei dem vorgemacht wird, wie es bei einem religiösen Widerfahrnis zugeht? Wie bleiben religiöse Andachten unterscheidbar von praktizierter religiöser Gedankenlosigkeit? Wie kann man entscheiden, ob es sich hierbei nicht bloß um inszenierte Ergriffenheit handelt? Nicht in jedem Fall ergreift das Göttliche, das Heilige die Menschen. Vielfach greifen sie selbst nach etwas, von dem sie wollen, dass es sie ergreift, verwechseln aber ihr Wollen mit dem Gewollten oder halten ihre Sehnsucht bereits für das Gesuchte. Lebt das Religiöse lediglich in und von stimmungsvollen Inszenierungen, die sich am ehesten mit ästhetischen Kategorien beschreiben lassen? Was ist in religiösen Inszenierungen „gestellt", was ist „authentisch"? Wie lässt sich entscheiden, ob die Authentizität eines Ereignisses (mit)inszeniert wurde? Wie geht man mit dem Verdacht um, dass die Elemente einer „Authentizitätsinszenierung" ästhetisch verdeckt oder übermalt wurden? Oder sollten die Protagonisten religiöser Rituale nicht endlich zugeben, dass sie in ihrem Tun nichts anderes bewerkstelligen als eine „virtuelle Realität"? Bezeugen sie lediglich eine Wirklichkeit, die von ihrem Zeugnis generiert wird? Mehr ist nicht „dahinter" …?

Von solchen unangenehmen religions- und ritualkritischen Anfragen kann man sich nicht dispensieren, wenn man ein Plädoyer für eine theologische Ästhetik halten will, die zur

Ausbildung einer liturgischen Kunst der Gestaltung von Riten und Ritualen verhelfen will, mit denen sich in einer säkularen Welt noch etwas spürbar machen lässt, was in der Spur des Evangeliums den Sinn des Daseins ausmacht. Zweifellos liegt in der neuen Aufgeschlossenheit für religiöse Riten und Rituale auch die Gefahr der Projektion und der (Selbst)Manipulation. Aber wegen dieser Gefahr die Kategorien „Ritus" und „Ritual" nur zum Gegenstand religionskritischer Reflexionen zu machen, hieße eine Perspektive einzunehmen, die nur wahrnimmt, was religiöse Phänomene *ent*stellen kann. Geht es hingegen um eine Sondierung zeit- und sachgemäßer Formen religiöser Interaktion, muss man auch danach fragen, inwieweit sie auch Glaubenskommunikation *her*stellen, d. h. konstitutiv sind für die Weitergabe des Glaubens und für die Verständigung im Glauben.

## „Sensual turn"

„Kann man *spüren*, was man glaubt?" – so lautet seit einigen Jahren die Kernfrage vieler Menschen, die sich für Religion, Spiritualität, Glaube interessieren. Nicht mehr die rationale Vertretbarkeit oder ethische Relevanz religiöser Sinnofferten stehen fortan im Zentrum. An die Stelle von Dogma und Moral tritt das Ästhetische als primäres Ausdrucksmedium von Religion. Man will nicht mehr belehrt oder moralisch unter Druck gesetzt werden, sondern ein „heiliges" Geschehen mit starken ästhetischen und emotionalen Eindrücken erleben. Verehrt werden charismatische Persönlichkeiten, die gerade wegen ihrer Reserven gegenüber jedweder Dogmatik in Glaubensfragen beeindrucken. Wo es weniger um Übersinnliches als um den Sinn des Daseins in einer säkularen Welt geht, werden religiöse Angebote bevorzugt, die dazu anleiten, wie man bei der Erfahrung und Deutung der Welt ganz und bei allen Sinnen sein kann. Wo derart sinnenbewusste Zeitgenossen ein existenzielles Interesse in die Nähe zur Religion führt, treibt sie beides um: Welterschließung und Weltdeutung. Im Brennpunkt ihres Interesses an einer religiösen Daseinsdeutung steht jedoch das Problem der Daseinsakzeptanz. Es ist verknüpft mit der Frage nach dem Zustimmungsfähigen: Wodurch wird das Leben akzeptabel, bejahbar? Was macht das Leben im Ganzen annehmbar – ist es das Schöne, Wahre, Gute, Wohlgefällige?

Wenn es von Seiten der Theologie und der Kirche auf diese Fragen adäquate Antworten geben soll, müssen sie dem Zuschnitt der Fragen entsprechen. Unter dieser Rücksicht ist die Kirche herausgefordert, ob und inwiefern sie der Sinnlichkeit religiöser Nachfrage gerecht werden kann. Noch immer legen viele Kirchenvertreter bei der Sicherung der kulturellen Antreffbarkeit des Evangeliums „nach innen" den Akzent auf einer unverkürzten Weitergabe des dogmatischen Glaubenswissens, und „nach außen" bestehen sie oft auf einer kompromisslosen Demonstration seiner moralischen Lebensrelevanz. Der Glaube geht jedoch nicht darin auf, um ihn zu wissen und gemäß diesem Wissen zu agieren. Er erschöpft sich weder in dogmatischen Wissens-, noch in moralischen Tatbeständen. Dogma und Moral bewirken wenig ohne die Ästhetik des Glaubens, die seine Relevanz für die Frage nach der Akzeptanz des Daseins angesichts des Inakzeptablen sinnenfällig macht. Offensichtlich bedarf es eines „sensual turns" in Theologie und Kirche.[5]

---

[5] Vgl. H.-J. Höhn, Bei Sinnen sein! Thesen zum „sensual turn" in der Theologie, in: ThGl 101 (2011) 62–75.

## Die Sinne und der Sinn

Der Mensch ist ein „animal interpretans"[6]. Er existiert als ein Wesen, das nach Bedeutung sucht. Es will nicht bloß wissen, *was* und *warum*, *wie* und *wozu* etwas ist, sondern es will auch herausfinden, *als was* etwas da ist. Dieses „als" ist selten unmittelbar gegeben. Es muss vielmehr eigens erschlossen werden. Es zählt nicht zum Vordergründigen, sondern wird offenbar in der Bedeutung hinter den Dingen, die den Menschen umgeben, hinter den Ereignissen, die ihm widerfahren, hinter dem Schicksal, dem er ausgesetzt ist, und hinter den Begegnungen, die ihn mit anderen Menschen zusammenbringen.

Um Zugang zur Bedeutung von Dingen, Ereignissen und Personen zu gewinnen, muss der Mensch zunächst Zugang zur Faktizität von Dingen, Ereignissen und Personen finden. Diesen Zugang ermöglichen die Sinne. Dass etwas der Fall ist und de facto sich so verhält, wie es jemand behauptet, lässt sich unschwer sinnlich überprüfen – im Vollzug des Sehens, Hörens, Tastens, Riechens und Schmeckens.[7] Im Gebrauch der Sinne kommt es aber nicht nur zur Erschließung der Welt, sondern auch zur Bewertung und Deutung des dabei Erschlossenen. Denn für die Sinne ist in mehrfacher Hinsicht ein „metaphorischer" Charakter eigentümlich, d. h. sie führen Prozesse des Übertragens und Überführens, des Hinführens und Zutragens aus:

Um wahrzunehmen, *als* was etwas da ist, muss zunächst deutlich werden, *wie* etwas für die Sinne in der Fülle seiner

---

[6] Vgl. J. Hörisch, Bedeutsamkeit. Über den Zusammenhang von Zeit, Sinn und Medien, München 2009.

[7] Vgl. zum Ganzen M. Diaconu, Tasten, Riechen, Schmecken. Eine Ästhetik der anästhesierten Sinne, Würzburg 2005; K. Röhring, Vernunft und alle Sinne. Eine theologisch-ästhetische Betrachtung der fünf Sinne, München 2007.

Aspekte und Bezüge anwesend ist, d. h. unter welchen Umständen es *erscheint* und in welchen Kontexten es sich *zeigt*. Eine Vielzahl von Wahrnehmungen verdankt sich dem Zusammenspiel mehrerer Sinnesorgane. Dass das Auge „mitisst", zählt zu den viel gebrauchten Wendungen, wenn es zu demonstrieren gilt, dass man seine Sinne auch in alltagsweltlichen Belangen beisammen haben muss. Was sich sinnlich und zuweilen im Rendezvous mehrerer Sinne bemerkbar macht, tangiert und verändert zugleich das Bemerken, d. h. die Art und Weise seiner Wahrnehmung. Sinneserfahrung wird zur ästhetischen Erfahrung, wenn die Art und Weise, wie wir etwas wahrnehmen und erleben, selbst zum Ereignis bzw. Thema des Erlebens und Wahrnehmens wird. Dabei wird eine Abfolge erkennbar, die von der Objekterfahrung zur Selbsterfahrung verweist: von der Berührung zum Gerührtsein, vom Gesehenwerden zum Ansehen, vom Schmecken zum Geschmack. Für ästhetische Erfahrungen ist zudem typisch, dass sie einen „Komparativ" in die Welt- und Selbsterfahrung des Menschen bringen. Es handelt sich um Wahrnehmungen, welche die menschliche Selbst- und Welterfahrung intensivieren. Hierbei ist das ästhetische Verhältnis des Menschen zur Wirklichkeit zunächst ein sehr konkret-sinnenhaftes, das jedoch zugleich die Sinne transzendiert. Anfangs gibt es lediglich „etwas" zu sehen, zu hören, zu riechen, zu schmecken, zu tasten und zu fühlen. Aber allmählich wird nicht allein die Gegenstandswahrnehmung, sondern auch das Vollzugserleben gesteigert und die sinnliche Kompetenz des Menschen geschärft („die Ohren spitzen", „die Augen schärfen"), sodass die Sinne gerade in diesem spezifischen Weltbezug zur Aktualisierung (und Mehrung) ihres Vermögens kommen. So können jemandem beim Betrachten eines Bildes die „Augen aufgehen", wobei ihm nicht bloß „etwas" aufgeht, sondern auch klar wird, was es heißt, dass jemandem etwas „aufgeht". Ihm wird beim Sehen gezeigt, wie Erkenntnis entsteht. Er sieht „mehr" als nur Sichtbares und kann sich dabei zusehen, wie er Einsicht gewinnt.

Im ästhetischen Erleben kommt es zur Begegnung mit dem, was nicht mehr im Bereich des bloß sinnlichen, sondern des über-sinnlichen Vermögens liegt. Es wird möglich, einen Blick für Verborgenes zu gewinnen, die Ohren zu öffnen für Unerhörtes, sich anrühren zu lassen vom Unberührbaren, empfindsam zu werden für das Unscheinbare. Deutlich wird diese „Potenz" auch an der Tätigkeit eines „Kunstschaffenden". Jedes Kunstwerk ist zwar ein Resultat menschlichen Tuns, jedoch hat der Künstler etwas hervorgebracht, das die Muster herstellenden Handelns abstreift und ihre Grenzen übersteigt. Das Gelingen künstlerischen Tuns – sei es im Vollzug des Malens, Komponierens, Dichtens, Tanzens – ereignet sich über ein Zusammenspiel von Vollzügen, das selbst nicht mehr im Vermögen des Künstlers liegt. Es ist letztlich keine eigene Leistung mehr, sondern – theologisch gesprochen – Gnade. Sie ereignet sich als etwas, das hinzukommt zu dem, was er von sich aus vermag und leistet. Am Ende kann ein Mensch, der etwas gekonnt hinbekommen hat, nur sagen, dass er es hin*bekommen* hat. Er hat alles gegeben, aber das Gelingen ergab sich erst durch eine „Zugabe" jenseits seines eigenen Tuns und Könnens. Beides steht ihm deutlich vor Augen: Wie sich die „Zugabe" dem Zugriff seiner Hände entzieht, so gewährt sie sich auch dem Werk seiner Hände. Und eben dies zeigt sein Kunstwerk. Wer es anschaut oder mit seinen anderen Sinnen wahrnimmt, dem geht genau dies auf: dass hier mehr gelang als bloßes Tun und Machen.

Die Sinne verweisen das Tun und Machen also auf etwas, das ihm Bedeutung gibt, ohne dass dieses Bedeutsame etwas Gemachtes ist. Unter dieser Rücksicht wird auch die Nähe ästhetischer und religiöser Erfahrungen deutlich: Beide übersteigen die Sphäre des Machbaren und Gemachten auf eine Sphäre hin, in der aufgeht, was ihm an Bedeutsamkeit zukommt. Sie verweisen das Vorhandene auf etwas, das ihm Bedeutung gibt, ohne dass dieses Bedeutsame etwas von derselben Vorhandenheit ist.

Jede Glaubensästhetik lebt ebenfalls von der Kunst, alle Beteiligten für etwas zu disponieren, das sich jenseits eigenen Tuns und Machens einstellt. Die Wirksamkeit dieser Disposition besteht darin, dass alle Beteiligten ein freies Herz und offene Hände haben, um nach dem zu greifen, von dem sie hoffen, dass es sie ergreift. Ergriffenheit setzt leere Hände voraus und verlangt wache Sinne! Vor allem kommt es hier auf eine spezielle „aktive Passivität" an: Man muss sich von Gott *ergreifen lassen*! Bei allem eigenen Aufwand, sich für ein religiöses Geschehen zu disponieren, muss der Mensch das Entscheidende *mit sich geschehen lassen*. Ästhetik und Religion, Kunst und Glaube haben die Einsicht gemeinsam, dass es nicht reicht, wenn der Mensch alles gibt, damit bei einem Kunstwerk (einem Bild, einer Partitur, einer Skulptur) oder bei einer Liturgie am Ende alles stimmt. Wirklich stimmig ist in Kunst-, Sinn- und Glaubensfragen erst ein asymmetrisches Verhältnis von Aufwand und Ertrag: Wer alles gibt, bekommt mehr zurück, als investiert wurde – ohne eigenes Zutun oder den Beitrag anderer Mitwirkender. Diese Logik begründet die Nähe von (ästhetischer) Inspiration und (religiöser) Gnade. Diese Logik liegt allerdings nicht „auf der Hand". Man muss sich für sie sensibilisieren und darauf einstimmen lassen.

Stimmungen sind Ausdruck der passenden Einstellung zu einem Geschehen. Der Mensch muss „in Stimmung" gebracht werden. Es reicht daher nicht, wenn in einem Gottesdienst lediglich die liturgischen Vorgaben akribisch eingehalten werden, damit alles stimmt. Wer nichts falsch macht, macht keineswegs alles richtig. Und selbst wenn alles richtig gemacht wird, muss das Richtige nicht das Wahre sein. Wie soll in einer Atmosphäre des ängstlichen Beachtens von Rubriken und des peniblen Einhaltens vorgeschriebener Gesten etwas von der Realpräsenz des unbedingten, keine Vor- und Nachbedingungen stellenden Heilswillens Gottes spürbar werden? Wie soll die ästhetische Kraft der Sakramente erlebbar werden, wenn ihre Feier überwuchert wird von dogmatischer Starre und moralischer Rigorosität oder wenn die bürokratische Mentalität von Kultbeamten dominiert, die nur darauf aus sind, dass alles seine Ordnung hat und nach Vorschrift erledigt wird?

Nicht selten wird ein stereotypes „Messelesen" als Ausweis liturgischer Korrektheit und diese wiederum als Ausweis von Sakralität behauptet. Als im Sommer 2007 die Wiederzulassung der „tridentinischen Messe" erfolgte, konnte dies als Indiz gedeutet werden, dass man in der katholischen Kirche dem Trend nach mehr Sinnlichkeit im Religiösen nachkommt. Während jedoch in religiös interessierten Kreisen diesseits und jenseits der etablierten Kirchen und Konfessionen das Ästhetische als Alternative zum dogmatischen und moralischen Code der Gottesrede nachgefragt wird, beginnt man in der katholischen Kirche wieder, das Ästhetische in den Dienst der Dogmatik zu stellen. Eine solche lehramtlich betriebene dogmatisch-ästhetische Inszenierungskunst verrät ein instrumentelles Verständnis von Ästhetik. Sie soll lediglich bekräftigen, was dogmatisch behauptet wird. Bewusst wurde eine unzeitgemäße Ästhetik gewählt, von der man überzeugt war, sie würde der Sehnsucht nach dem „Mysterium" Gottes entgegenkommen. Es ist aber höchst fraglich, ob es sich hierbei um eine produktive Ungleichzeitigkeit handelt oder ob hier nicht ein ästhetisch-dogmatischer Nostalgismus zum Zuge kam.[8]

---

[8] Siehe hierzu E. NORDHOFEN (Hg.), Tridentinische Messe – ein Streitfall, Kevelaer 2009.

## Ästhetik des Glaubens

Eine religiöse Ästhetik, die nur auf Gefälligkeit (wem gegenüber auch immer) und Schönheit setzt, verfehlt ihre Aufgabe und ihr Ziel. Das Leben ist nicht nur „ganz schön schwer", sondern zuweilen derart beschwerlich, dass es unerträglich wird. Darüber kann keine Ästhetik hinweghelfen, die nicht zuerst diese Beschwernis sinnenfällig wahrgenommen und ihr Gestalt gegeben hat. Andernfalls ist sie nicht recht bei Sinnen! Mit den fünf Sinnen lässt sich zwar erfassen, was im Leben zustimmungsfähig ist. Sie konfrontieren aber ebenso mit dem „ohne Wenn und Aber" Unannehmbaren. Nicht allein das, was schön und gut scheint, wird sinnlich vermittelt, sondern auch das Unstimmige, von dem man am liebsten die Augen abwenden und die Ohren verschließen möchte. Zur existenziellen Sinnfrage wird die Frage nach Bedeutsamkeit dann, wenn sie mit der Frage der Daseinsakzeptanz verknüpft wird: Was hat es letztlich mit der Welt und dem Menschen auf sich? Ist die Welt angesichts dieses „Letztlichen" zustimmungsfähig?

Was im Widerstreit zwischen dem Stimmigen und Unstimmigen in seiner Lebenswelt dem Menschen die Möglichkeit der Selbst- und Weltbejahung gibt, ist seinerseits strittig und darauf angewiesen, kontrafaktisch – also den faktischen Verhältnissen widerstreitend – dargestellt zu werden. Dies liegt nicht allein daran, dass vielen Zeitgenossen das Leben in dieser Welt deswegen als inakzeptabel erscheint, weil es vieles in ihr gibt, das uneingeschränkt zu verneinen ist. Es hat auch eine eigene Logik: Was sich hinter allen Fakten, Tatsachen und Sachverhalten als sinngebend verbirgt, kann nicht nach Art einer Sache in der Welt vorgefunden und aufgezeigt werden. Oft genug muss es gegen die Zwänge der Fakten und Sachen dargestellt werden. Allerdings ist mit der puren Darstellung in der Weise der Behauptung wenig zu erreichen. Dies gilt auch im Christentum für liturgische Formen und Formate der Erschließung und Vergegenwärtigung des Sinngrundes menschlichen Daseins. Die Zusage einer Weltzugewandtheit Gottes, in der sich der Mensch im Leben und Sterben geborgen wissen kann, hat zunächst nur den Status einer Zusatzbehauptung zur faktisch erlebten Wirklichkeit. Ihre liturgische Inszenierung führt nicht zum Ziel, wenn sie nicht jener „metaphorischen" Logik und Struktur folgt, welche ästhetische Erfahrungen auszeichnen. Sie bleibt ein bloßes Schauspiel, wenn sie nicht die Rollenverteilung zwischen Darsteller und Zuschauer aufhebt. Sie muss alle Beteiligten zu Mitwirkenden machen und dafür eine spezifische Einstellung ermöglichen, die sie zugleich davor bewahrt, etwas bewirken zu wollen. Die „ars liturgica" lebt von der Kunst, alle Beteiligten für etwas zu disponieren, das sich jenseits eigenen Tuns und Machens einstellt.

Wo man sich in Theologie und Kirche auf die ästhetische Erfüllung des Interesses an Religion einlässt, wird man auch eine „Kunst der Bestreitung" entwickeln müssen. Eine Ästhetik des christlichen Glaubens muss auf blinde Flecke in der Wahrnehmung und Gestaltung des Daseins achten. Sie wird daher gegenüber dem Schönen, Guten und Gefälligen Markierungen des Vermissten und Fehlenden anbringen und jene Anteile im menschlichen Leben auszeichnen, die nicht mehr „wieder-gut-gemacht" werden können. Aber ebenso wird sie die Hoffnung auf dasjenige im Leben zu stärken haben, was nicht mehr „wieder-schlecht-gemacht" werden kann. Eine solche Ästhetik muss weniger neu erfinden, als in ihren bestehenden Ansätzen fortgeschrieben werden. Theologie und Praxis der Sakramente sind dabei an erster Stelle zu nennen, an der die Sinnenhaftigkeit und Sinnlichkeit des Glaubens ebenso manifest werden wie sein

Existenzbezug.[9] Hier wird die „dramatische" Verfassung des Daseins in Szene gesetzt. Ihr „Sitz im Leben" ist verbunden mit den Schwellen und Hemmnissen, mit den Passagen und Brüchen einer Biografie, die weder moralisch noch intellektuell zureichend bewältigt werden können.

Die Sakramente stehen in einer solchen „Glaubensästhetik" für jene existentiellen und religiösen Situationen des Daseins, in denen uns das Hören und Sehen für das Gelingen und Zerbrechen unserer Existenz gerade nicht vergehen soll. Sie haben zu tun mit der Hoffnung der Menschen auf ein noch ausstehendes Leben – auf ein bleibendes Bewahrtsein vor dem eigenen Nichtsein (Taufe), auf ein Standgewinnen und Zu-sich-stehen-Können im Eingeständnis eigenen Versagens (Buße), auf die Verlässlichkeit eines in die biografische Ungewissheit hinein gegebenen Versprechens (Ehe), auf ein Leben mit dem Lebensbedrohlichen (Krankensalbung), auf ein Zehren von jener Kraft, in der sich auch der Tod aufzehrt (Eucharistie). In den Sakramenten gewinnt diese Hoffnung eine Gestalt. Aber umstellt von den Beständen eines unstimmigen, unheilen Daseins kann diese Gestalt den Gehalt der Hoffnung nicht bleibend abgelten. Als darstellend-vermittelnde Zeichen eines erfüllten Lebens verweisen sie immer auch auf das Zerbrechliche und Vergängliche am und im Leben. Sie wirken dem Unheilen entgegen, indem sie durch ihren Vollzug das erfassen und realisieren, was dem Menschen fehlt. Für einen polierten Ästhetizismus bleibt dabei kein Raum. Wenn in der Liturgie der Sakramente die Dramatik des Menschenlebens von der „Theodramatik" des Evangeliums her gedeutet wird, wird ohnehin jeder schöne Schein durchkreuzt. Am deutlichsten erzählt davon die Eucharistie. In Brot und Wein ereignet

---

[9] Vgl. hierzu ausführlicher H.-J. Höhn, Spüren. Die ästhetische Kraft der Sakramente, Würzburg 2002.

sich die Nähe Gottes, die mit Händen zu greifen ist. Wer der Aufforderung „Nehmt und esst!" folgt, erlebt an sich selbst, dass der Mensch so weit Hand anlegen kann an die Präsenz Gottes in dieser Welt, bis diese völlig aufgezehrt ist. Nichts bleibt am Ende übrig. Wer sie dagegen nicht antasten möchte, bringt sie um ihre Wirkung. Brot und Wein dienen buchstäblich der Wegzehrung des Menschen …

## 8. Pilgernde Kirche: Glaubenswege unter freiem Himmel

„ON THE ROAD again" – mit diesem starken Song der Gruppe „Canned Heat" bin ich oft in den Urlaub gestartet. Die Rückfahrt wurde meist mit einem anderen, eher melancholischen Titel angetreten: „homeward bound" (Simon & Garfunkel). Allerdings waren mit diesem Lied irgendwann Übersetzungsfragen verbunden: Fahre ich „heim" oder „nach Hause"? – „Nach Hause" zu fahren bedeutete, meinen aktuellen Wohnort anzusteuern. „Heim" zu fahren bedeutete, eine Stippvisite in meiner alten Heimat einzulegen, bei den Eltern vorbeizuschauen oder sich mit alten Freunden zu verabreden. Dort fühlte ich mich daheim, zu Hause aber war ich woanders. Nach etlichen, meist berufsbedingten Umzügen war beides nicht mehr zur Deckung zu bringen. Seitdem ist das Wort „Heimat" für mich eine Entfernungsangabe. Es misst den Abstand zwischen „damals" und „heute". Wenn ich heute heimfahre, kehre ich immer öfter in eine fremde Heimat zurück. Die Freunde von einst sind – wie ich auch – anders und andere geworden. Wir haben uns aber nicht gemeinsam verändert. Deswegen nehmen unsere Gemeinsamkeiten ab und die Unterschiede vervielfältigen sich. Heimkehren heißt jetzt, dass sich das Heimatliche umkehrt ins Unvertraute. Geblieben ist eine Form des Heimwehs, eine Sehnsucht nach jener Zeit, in der man wusste, wohin man gehörte, und sich eines solchen Ortes mit einer unstrittigen und fraglosen Zugehörigkeit zu anderen Menschen sicher sein konnte. Die Sehnsucht gibt es noch, aber nicht mehr jene Selbstverständlichkeit des Dazugehörens. Die Sehnsucht danach bleibt unerfüllt, wenn sie sich auf Zeiten und Orte richtet, die sich auf das Herkommen des Menschen beziehen. Sie sind unwiederbringlich vorbei – es sei denn, man bleibt ein Leben lang dort, wo man zur Welt kam und aufwuchs.

## Der flexible Mensch: Religion in Bewegung

Eine solche Bodenständigkeit bzw. „stabilitas loci" wird in der Moderne zur Rarität. Wer in einer Zeit, die sich dem Ideal der Mobilität und der Beschleunigung verschrieben hat, nicht vom Fortschritt abgehängt werden will, darf sich immer nur befristet eine feste Bleibe suchen. Der moderne Mensch ist nicht mehr im bloß übertragenen Sinne ein „homo viator". Ständig in Bewegung und unterwegs zu sein definiert längst durchgehend seine Existenz – beruflich wie privat. Eine Biografie wird buchstäblich zum Lebens*lauf*. Wer Karriere machen will, muss flexibel, dynamisch, wechsel- und umzugsbereit sein.[1] Viele biografischen Übergänge werden inzwischen durch Umzüge markiert: Ende der Schulzeit und Beginn des Studiums, der erste Job, gemeinsame Wohnung mit Partner bzw. Partnerin. Ortswechsel sind ebenso oft mit schmerzhaften Abbrüchen wie mit hoffnungsvollen Umbrüchen verbunden. Sie können freudig begrüßt werden, wenn sie ein beruflicher Aufstieg notwendig macht. Sie werden zum Unglück, wenn der Verlust der Arbeit die Aufgabe einer unbezahlbar gewordenen Wohnung erzwingt.

On the road again? Wo spielt das Leben? Im Freien? Wo wird es verspielt? Auf der Straße? Führen wir eine Existenz „im Transit"? Besteht eine Schlüsselqualifikation des moder-

---

[1] Vgl. Z. BAUMAN, Flaneure, Spieler und Touristen. Essays zu postmodernen Lebensformen, Hamburg 2007; DERS., Flüchtige Zeiten. Leben in der Ungewissheit, Hamburg 2008; DERS., Leben in der flüchtigen Moderne, Frankfurt a. M. 2007; R. SENNETT, Der flexible Mensch. Die Kultur des neuen Kapitalismus, Berlin 2000.

nen Menschen im Umziehen- und Umsteigenkönnen? Dann ist jeder Aufenthalt nur ein Zwischenstopp. Ist somit in einer mobilen Welt die Sehnsucht nach „Ankommen" und „Beheimatung" unerfüllbar geworden? Oder kann sie gestillt werden durch „Zukünftiges", auf das wir zugehen und das auf uns zukommt? Kommt es auf das Überschreiten der Gegenwart auf die Zukunft an, um das wiederzufinden, was das Leben in der Kindheit versprach, aber (noch) nicht einlöste: Leben in Einklang mit sich und der Welt? Kann es sein, dass der Wunsch, dorthin zu gelangen, auch das existenzielle Motiv ist für ein religiöses Phänomen, das für geraume Zeit als überholt und gestrig galt, aber seit einigen Jahren eine ungeahnte Wiederkehr erlebt: Pilgern und Wallfahren?[2] Geht man auf den Wegen der Religion jene „andere" Route, die zu dem Ziel führt, das man auf den Schnellstraßen der Moderne gerade nicht erreicht? Vieles spricht dafür, dass Pilgern eine Möglichkeit ist, auf den Um- und Abwegen der Moderne Erfahrungen der Sinn- und Selbstvergewisserung zu machen. Man kommt los von alten Gewohnheiten und Bindungen und kann gerade deswegen neu zu sich kommen. Grenzerfahrungen und -überschreitungen sind ebenso möglich wie Ganzheitserfahrungen. Physische, mentale und psychische Anstrengungen greifen ineinander. Der äußere Weg führt zugleich nach innen und man gelangt dorthin, wo man noch nie war. Man kommt sich selbst auf die Schliche – und vielleicht Gott auf die Spur.

---

[2] Vgl. aus der stetig wachsenden Literatur vor allem R. Breitenbach, Pilgern. Den eigenen Weg finden, Freiburg/Basel/Wien 2009; G. Ponisch, „… dass wenigstens dies keine Welt von Kalten ist …" Wallfahrtsboom und das neue Interesse an Spiritualität und Religiosität, Wien/Berlin 2008; M. Rosenberger, Wege, die bewegen. Eine kleine Theologie der Wallfahrt, Würzburg 2005; Ch. May, Pilgern – Menschsein auf dem Weg, Würzburg 2004.

## Trend „Pilgern"

Inzwischen sind aber auch erste Anzeichen einer Kommerzialisierung und Trivialisierung des Pilgerns und Wallfahrens erkennbar. In den Medien häufen sich Reportagen und Doku-Soaps zum Thema. Pilgerfahrten zu den großen Stätten der Christenheit werden von Reisebüros als Pauschalangebote im all-inclusive-Paket angeboten. Immer neue Nebenstrecken nach Santiago de Compostela werden von findigen Fremdenverkehrsdirektoren ausgeschildert. Der Buchmarkt wimmelt von spirituellen Wanderführern, und Trekkingläden halten für Anfänger und Fortgeschrittene das passende Outdoor-Zubehör auf Vorrat. Wo sich ein derartiges Pilgermarketing ausbreitet, wird es schwierig, aber auch dringlich, authentische Motive und Formen des Pilgerns von den Sinn- und Erlebnisversprechen der Reisebüros zu unterscheiden. Wie bei allen Phänomenen einer „Wiederkehr der Religion", die in den letzten Jahren zu verzeichnen waren, ist auch in diesem Fall die Frage angebracht, ob hier Religiöses *als* Religiöses wiederkehrt oder ob hier nicht (auch) eine „Umbuchung" stattfindet: In der Populärkultur liefert Religiöses Material für Kinofilme und Rocksongs. Großunternehmen betreiben „Kultmarketing" und inszenieren Produkte, die über ihren Gebrauchswert hinaus für Lebens(stil)entwürfe stehen. Die Organisatoren sportlicher Großereignisse leihen sich liturgische Kompetenz aus und geben ihren Eröffnungsfeiern eine sakrale Dramaturgie. Und die Fantasy-Literatur legt die klassischen mythischen Elemente von Verwünschung und Erlösung immer wieder neu auf. Widerfährt dem Pilgern auch eine „feindliche Übernahme"?

Nimmt man das Pilgern als Probierstein für die Frage, ob hier Religiöses als Religiöses wiederkehrt, ist dies sicher nicht entscheidbar unabhängig von den Selbstbeschreibungen und -deutungen jener Menschen, die sich tatsächlich auf den Weg machen.[3] Aber ein solcher Zugang muss ebenfalls in Rechnung stellen, dass individuelle Selbstvergewisserungen immer auch sozio-kulturelle Tendenzen und Trends spiegeln. Ist das Pilgern vielleicht die religiöse Dublette eines Wellnessbooms, der ganzheitliche, leib-seelische Gesundheit und Work/live-Balance als Höchstwerte ausgibt? Manifestiert sich hier der letzte Wellenschlag einer Erlebnisgesellschaft, die alles prämiert, was die Sinne anspricht und ein „event" verspricht? Führen Pilger eine religiös-säkulare Doppelexistenz?

Antworten auf diese Fragen sollen im Folgenden zunächst vor dem Hintergrund kultur- und religionssoziologischer Studien[4] sondiert werden. Dabei geht es auch darum, mögliche Spiegeleffekte zwischen den säkularen und den religiösen Formaten eines „homo viator" zu identifizieren. Gibt es auch deswegen einen Trend zum Pilgern, weil das Pilgern teils affirmativ, teils widerständig auf jene Trends bezogen ist, die das soziale bzw. säkulare Leben prägen: Individualisierung, Erlebnisorientierung, Ästhetisierung? Mit diesem Verdacht sind durchaus unbequeme und provokante Beobachtungen verknüpft, die scheinbar beckmesserisch eines der wenigen Erfolgsmodelle einer Neubelebung christlicher Traditionen bekritteln. Aber wenn gerade aus kirchlicher Perspektive das Pilgern und Wallfahren ein spirituelles Unternehmen ist, wird es der Spiritualität dieses Unternehmens nur dienlich sein, wenn man auch der kritischen Unterscheidung der Geister

---

[3] Unter dieser Rücksicht verdienen persönliche Erfahrungsberichte entsprechende Aufmerksamkeit und Glaubwürdigkeitskredit, was auch gilt für den Bestseller von H. KERPELING, Ich bin dann mal weg. Meine Reise auf dem Jakobsweg, München [60]2008.

[4] Vgl. D. HERVIEU-LÉGER, Pilger und Konvertiten. Religion in Bewegung, Würzburg 2004, 59–140. Speziell zum Idealtyp des „spirituellen Wanderers" siehe Ch. BOCHINGER u. a., Die unsichtbare Religion in der sichtbaren Religion. Formen spiritueller Orientierung in der religiösen Gegenwartskultur, Stuttgart 2009.

den gebührenden Platz einräumt. Unumgänglich sind diese Unterscheidungen auch, weil sich am Phänomen des Pilgerns exemplarisch ablesen lässt, wie religiöse Suchbewegungen in der Gegenwart sowohl auf Distanz zur Kirche gehen als auch ihre Nähe suchen.

## Transzendenz im Selbstversuch

Pilger unternehmen einen existenziell-religiösen Selbstversuch. Sie brechen bisherige Sets einer Glaubenspraxis auf, die am kultisch-rituellen und lehrmäßigen Depositum einer Religion festgemacht waren, und fügen sie ein in nicht-religiöse Strategien, Verfahren und Formen der Selbstvergewisserung.[5] An die Stelle der Autorität überlieferter heiliger Schriften oder Glaubenssätze setzen sie die im eigenen Erleben gefundene Glaubensgewissheit. Ihr Interesse gilt neuen Möglichkeiten des Direktkontakts mit dem Göttlichen, von denen nur bekannt ist, dass sie Wege der (Selbst-)Erfahrung und des eigenen Erlebens sein sollen. Jede religiöse „Äußerlichkeit" stellen sie fortan in den Dienst einer „Innerlichkeit" der Selbstvergewisserung. Beim Gehen eines äußeren Weges möchten sie auch vorankommen bei der Erkundung ihres inneren Auslandes. Sie wollen vordringen zu den unbekannten Tiefenschichten ihrer Psyche. Diese gelten nicht nur als Lagerstätten unbewusster Kreativitätspotentiale, sondern auch als Quellen einer vielleicht verschütteten Religiosität. Sie werden neu zugänglich

---

[5] Dazu gehört etwa die religionsförmige Bedeutung der Askese im Sport. Aber auch gegenläufig sind die Aufnahme des sportlichen Ausdaueideals und die Aufwertung des Körpers als „Sinnaggregat" in religiösen Kontexten zu beachten. Vgl. hierzu K.-H. BETTE, X-treme. Zur Soziologie des Abenteuer- und Risikosports, Bielefeld 2004; DERS., Grenzgänge. Sinnmotive im Ausdauer- und Risikosport, in: ThPQ 155 (2007) 227–234.

über eine „Transzendenz nach innen". Hierfür werden die Beschwernisse und Herausforderungen eines äußeren Weges als Katalysator in Kauf genommen.

Es handelt sich beim Pilgern um eine „do-it-yourself"-Religiosität, die zwar alle Formen eines institutionell-kirchlichen Zugriffs auf das religiöse Bewusstsein meidet, aber dennoch gelegentlich nach kirchlichen Haltegriffen Ausschau hält. So steht die Ausstellung von Pilgerpass und -urkunde in der Regie religiöser Institutionen, aber ansonsten wird alles Institutionelle in Dienst des Individuellen gestellt, wenn es nur hilft, psychische Transzendenzen, d. h. Prozesse der Selbstthematisierung und Selbstfindung in Gang zu setzen. Manchen Zeitgenossen genügen dabei „immanente Transzendenzen", wenn dabei der Abstand zwischen ihrem Ich und ihrem wahren Selbst verringert wird und ihr unruhiges Herz endlich in sich selbst ruhen kann. Die ehemals sozialintegrative Funktion des Religiösen tritt hinter ihre subjekt- und biografieintegrative Funktion zurück. Die Ermöglichung einer festen und „lebenslangen" Zugehörigkeit wird weniger gesucht als das Bewusstmachen, dass man etwas kann und schafft, was man nie gedacht oder sich zugetraut hätte.

## Allein, aber nicht einsam

Wie erzwungene Gemeinsamkeiten zu einer Betonung des Individuellen führen, so weckt die Individualisierung des Lebens auch eine neue Bereitschaft zur Interaktion. Darum zeigen sich Pilger zwar als religiöse Individualisten, aber nicht als selbstbezogene und abweisende Eigenbrötler. Die idealen Pilger sind „gesellige Einzelgänger": Sie folgen ihrem eigenen Schritt und Rhythmus, aber auf einem gemeinsamen Weg. Sie wollen eine Zeit lang für sich sein, ohne aber auf Dauer allein bleiben zu müssen. Sie möchten ihre Individualität gestärkt und bestätigt sehen und zugleich der völligen Vereinzelung entgehen. Auf dem Pilgerweg wird ihnen in der Tat die Gnade zuteil, etwas Besonderes und etwas Gemeinsames zu erleben, ohne Abstriche an ihrer Individualität machen zu müssen. Sie kommen unterwegs einander ganz nah, geben Intimes von sich preis und wissen zugleich, dass daraus keine gegenseitigen Verbindlichkeiten erwachsen. Es gibt ein gemeinsames Ziel, einen gemeinsamen Weg und eine Richtung, der alle folgen. Und dennoch ist jede und jeder nur dem je eigenen Tempo und Schrittmaß unterworfen.

Gleichwohl unterscheidet sich der Pilger vom Flaneur, der ebenfalls von sich sagen wird, er bestimme auch autonom, wo und wie lange er verweilt. Aber anders als der Flaneur bindet sich der Pilger an ein festes, vielleicht fernes Ziel. Es gibt für ihn einen konkreten Bestimmungsort seiner Reise, nicht nur eine Kette von Zwischenaufenthalten. Er will an einem bestimmten Ort ankommen, auch wenn er bereits unterwegs das eigentliche Ziel seiner Wallfahrt – eine neue Selbst- und Gotteserfahrung – schon erreicht hat. Für den Flaneur zählt nur der Reiz des Augenblicks. Er hat kein letztes „Wohin", sondern kennt nur Aufenthaltsorte, von denen für eine begrenzte Zeit eine gewisse Anziehungskraft ausgeht. Er lässt sich treiben, folgt keinem bestimmten Kurs, er führt ein Episodenleben.

Während in der Figur des Flaneurs ein Individualismus aufscheint, der dazu anleitet, dass der Mensch in seinem Tun und Lassen nur Maß an sich selbst und seinen Befindlichkeiten nimmt, lässt sich der Pilger, so sehr er auf sich selbst achtet, doch seinen Weg weisen. Er geht seinen Weg auf einer Route, die schon unzählige andere vor ihm gegangen sind. Er ist nicht der Erste und nicht der Letzte, auch wenn er im Augenblick auf sich gestellt ist. Wenn er dafür offen ist, findet er auf Zeit Gemeinschaft in den Herbergen und Zufallsbekanntschaften unterwegs. Das Pilgern liegt somit einerseits im Trend der Individualisierung und setzt andererseits seine kommunitären Momente dagegen. Der moderne Pilger ist daher, wie gesagt, ein geselliger Einzelgänger.

## Auf eigenen Füßen

Das Pilgern kann jenen religiösen Suchbewegungen zugerechnet werden, denen es um eine Sinnvergewisserung „jenseits" von Dogma und Moral geht, und die zugleich die Sinnlichkeit von Mensch und Religion betonen. An die Stelle von Dogma und Moral tritt hier als Ausdrucksmedium das „Ästhetische" im ursprünglichen Wortsinn: sinnenvermittelte Erfahrung von Sinn. Wo derart Sinn und Sinnlichkeit zusammenkommen, darf eine dritte Größe nicht fehlen: Freiheit des Denkens und Glaubens. Vor allem viele Konvertiten aus der Säkularität wollen in religiösen Kontexten nicht belehrt oder moralisch bevormundet werden, sondern sich in der Religion frei bewegen können. Wenn sie mit anderen zusammenkommen – dann ohne Gängelei.

Eine solche Nähe von Freiheit, Sinn und Sinnlichkeit bietet auch das Pilgern. Pilgern kann man nur im Freien, unter freiem Himmel. Pilgern stellt zwar auch besondere Ansprüche. Aber hier wird niemandem etwas ermahnend vorgehalten, was er tunlichst befolgen soll. Und hier wird auch nicht etwas bloß theoretisch abgehandelt. Vielmehr kann man sich beim Pilgern etwas „einhandeln" – eine Begegnung mit der Wirklichkeit Gottes. Hier wird nicht über etwas gesprochen, sondern es spricht sich etwas dem Menschen zu. Und es bleibt ihm genügend Zeit, sich darüber eigene Gedanken zu machen.

## „… und etwas bewegt sich doch!"

Pilger, die in Santiago de Compostela ankommen, setzen ihre letzten Schritte in die Kathedrale und nehmen dort Platz, um Zeugen eines besonderen Spektakels zu werden: Ein gigantisches Weihrauchfass wird von mehreren Männern im Kirchenschiff zum Schwingen gebracht. Und mancher Pilger, der sich zu den auf Veränderungen drängenden Gruppen in der Kirche zählt, wird dabei seufzen: „Man kann nicht sagen, dass sich in der Kirche nichts bewegt …"

Ein Pilger – abgeleitet vom lateinischen Wort „peregrinus" – hat sich vom (eigenen) Acker gemacht und geht über Felder und Wege, die andere angelegt haben. Die Gegend, in der er sich aufhält, ist ihm fremd, und er ist den Menschen fremd, denen der begegnet. Sein Aufenthalt ist fern der Heimat, aus der er aufgebrochen ist, und fern des Zieles, auf das er hin unterwegs ist. Seine Maxime lautet: Loskommen, um anzukommen.[6] Dieser Beschreibung entspricht jene Selbstbestimmung, mit der sich die Kirche als „pilgerndes Volk Gottes" identifiziert: „Solange aber die Kirche hier auf Erden in der Pilgerschaft fern vom Herrn lebt (vgl. 2 Kor 5,6), weiß sie sich in der Fremde" (II. Vaticanum, LG nr. 6). Wie jeder Einzelpilger kommt die Kirche auf ihrem Weg nur voran, wenn sie mit leichtem Gepäck unterwegs ist. Vom Überflüssigen, Hinderlichen und Beschwerlichen muss sie sich trennen. Darum muss sie sich immer wieder fragen, ob sie ihren Gliedern nicht zu viel aufbürdet – an moralischen Normen, dogmatischen Belehrungen, liturgischen Pflichten. Kann es sein, dass es heute deswegen vielen Zeitgenossen schwerfällt, Christ zu werden

---

[6] Zum Ganzen siehe auch K. J. WECKER, Pilgern, Tourismus, Pilgertourismus. Eine kleine Phänomenologie des bewegten Glaubens, in: Pastoralblatt 63 (2011) 267–273 (Lit.).

oder Christ zu bleiben, weil sie diesen Ballast buchstäblich nicht mehr ertragen können? Gibt es nicht auch in der Kirche vieles, von dem sie loskommen muss, wenn sie vorankommen will? Macht der moralische und dogmatische Ballast die Kirche nicht unbeweglich?

In diesen Fragen steckt nicht die Forderung nach eilfertigen Anpassungen an den Geist der Zeit. Vielmehr erinnern sie an einen Impuls der Nachfolge Jesu. Und sie erinnern an eine unabweisbare Bedingung kirchlicher Erneuerung. Beides spiegelt sich wiederum im Motiv des Pilgerns. Im Pilgern wird deutlich, dass kein Gegensatz besteht zwischen beweglich sein, sich bewegen einerseits und auf dem (rechten) Weg sein andererseits. Wer pilgert, muss sich jedoch von allem trennen, was Schwerfälligkeit und Lähmung hervorruft. Wer nicht mehr vorankommt, weiß nicht, ob der Kurs noch stimmt. Wer sich nicht mehr bewegt, weiß nicht mehr, ob er noch auf dem richtigen Weg ist. Dem Erhalt der Beweglichkeit ist darum ebenso viel Bedeutung zuzumessen wie dem Wissen um den richtigen Weg. Wenn ein Pilger sich auf den Weg macht, muss er dafür sorgen, dass er „in Form" ist und bleibt. Das gilt auch für die Kirche und für die Reformanliegen der letzten Jahre. „Die Kirche wird auf dem Weg ihrer Pilgerschaft von Christus zu dieser dauernden Reform gerufen, deren sie allzeit bedarf, soweit sie menschliche und irdische Einrichtung ist."[7] Es könnte sein, dass versäumte Kirchenreformen nicht nur die Krise der Kirche erklären, sondern auch auf den Zusammenhang mit der „Gotteskrise" der Moderne verweisen.

---

[7] Vaticanum II, Dekret über den Ökumenismus „Unitatis redintegratio", nr. 6.

# 9. Kirchenkrise – Gotteskrise: Bestreitungen

DIE KIRCHE IST stolz darauf, viel über Gott zu wissen und viel von Gott sagen zu können. Sie kennt Gottes Eigenschaften – allmächtig, allgegenwärtig, allwissend. Und sie weiß auch um seinen bisweilen wechselnden Gemütszustand: zornig, barmherzig, gnädig. Die Kirche führt darüber Buch, wann und wem Gott sich einst offenbart hat und was er heute noch von den Menschen will. Und sie zitiert ausgiebig aus den vielen Büchern, zu denen ihre Nachschriften der Offenbarung vom Können und Wollen Gottes inzwischen angewachsen sind. Im Laufe der Zeit zitiert sie sogar zunehmend ihre Zitate. Denn nur so glaubt sie sicherstellen zu können, dass sie über die Zeiten hinweg das von Gott weitersagt, was zu jeder Zeit über Gott gesagt werden kann. Irritiert muss sie jedoch feststellen, dass ihr wortgetreues Reden von Gott immer weniger auf Resonanz und immer häufiger auf Unverständnis stößt.

Viele Kirchenvertreter merken zwar, dass die traditionelle Gottesrede auf Probleme stößt. Aber sie reagieren darauf selten mit Selbstkritik. Denn für sie ist die Wirklichkeit Gottes etwas Fragloses, Unstrittiges, Unbezweifelbares. Diese Überzeugung ist heute jedoch immer schwerer vermittelbar. Das wissen auch die Überzeugten und darum bekräftigen sie immer wieder das, wovon sie überzeugt sind. Das ist auf den ersten Blick auch verständlich: Wer auf Anhieb nicht verstanden wird, obwohl er meint, etwas Selbstverständliches zu sagen, sieht sich genötigt, sich zu wiederholen. Man zitiert sich selbst noch einmal. Denn besser als zuvor ist das Gemeinte ja nicht formulierbar – weder vom Autor des Zitates noch von irgendjemandem sonst. Selbstzitate aber befremden. Denn sie zeigen: Hier hört jemand nur sich selbst zu.

## Beschädigte Glaubwürdigkeit: Das Credo der Kirche

Genauso ergeht es der Kirche seit geraumer Zeit mit ihrer Rede von Gott. Weil sie nicht versteht, warum sie nicht verstanden wird, wiederholt sie das oft Gesagte, fasst es zusammen und lässt es in einem Weltkatechismus neu abdrucken. Für das gleichwohl fortbestehende Unverständnis oder Desinteresse sucht sie nicht bei sich selbst nach Gründen. Bei dem Gedanken, dass ein Zusammenhang bestehen könnte zwischen der von ihr diagnostizierten „Gotteskrise" der Moderne und der von ihren Kritikern diagnostizierten Kirchenkrise wiegelt sie ab. Die Tatsache, dass dem Wort „Gott", das in der Geschichte der Menschen dazu verwandt wurde, um dem höchsten Wert, dem Grund allen Seins und dem Ziel der Geschichte einen Namen zu geben, Gewalt angetan wurde, weil mit ihm Menschen vergewaltigt wurden, nimmt sie zwar bedauernd zur Kenntnis. Gelegentlich ringt sie sich sogar ein Eingeständnis ab, dass auch sie selbst das Wort „Gott" zum Bedeutungsträger für reichlich gottlose Unternehmen gemacht hat. Aber all dies schlägt nicht durch auf die dogmatische Festlegung und auf die Ableitung moralischer Forderungen aus ihrer Überzeugung, „so und nicht anders" sei Gott. Dieselbe Logik wendet die Kirche auf sich selbst an, wenn sie Reformwillige anfragen, ob sie ihr Kirchesein nicht auch anders realisieren kann. Mit dem Blick auf ihre hierarchische Verfassung heißt es dann erneut: „so und nicht anders"!

Gegenwärtig wird jedoch vielfach bestritten, was lange Zeit behauptet wurde: dass die Rede von der Kirche und die Rede von Gott unablösbar zusammengehören. Dass eine moralisch unglaubwürdige Kirche auch die Glaubwürdigkeit ihrer Rede von Gott beschädigt, war vor einigen Jahren noch ein entscheidender theologischer Grund für eine von Rom erzwungene Korrektur ihres diakonischen Engagements: Um sich nicht eine „Verdunkelung" ihres Gotteszeugnisses vorhalten zu lassen, hat sich die Kirche in Deutschland aus der staatlichen Schwangerenkonfliktberatung zurückgezogen, damit sie nicht an der Ausstellung von Zertifikaten beteiligt sein musste, die eine straffreie Abtreibung ermöglichen. Aber welche Verdunkelung erzeugen die strukturellen Missstände, die in der Kirche immer noch bestehen?

Nach ihrem dogmatischen Selbstverständnis kommt den Strukturen der Kirche eine theologische Qualität zu: Da es für sie kein anderes Heil gibt als das von ihr verkündete, hält sich die Kirche selbst für heilsrelevant. Sie versteht sich als Garantin für die authentische Überlieferung der Offenbarung Gottes in Jesus von Nazaret. Aus welch anderem Grund sollte sie sonst Eingang in das Glaubensbekenntnis der Christen gefunden haben: „credo … sanctam ecclesiam catholicam"!? Aus welchem Grund sollte sie sonst von sich sagen dürfen: „Die Kirche ist in Christus gleichsam das Sakrament, d. h. Zeichen und Werkzeug für die innigste Vereinigung mit Gott wie für die Einheit der ganzen Menschheit" (LG nr. 1). Die Beziehung zwischen Gott und Kirche ist in dogmatischer Perspektive so intensiv, dass zwischen spirituell-mystischer Innenseite und gesellschaftlich-institutioneller Außenseite nicht geschieden werden darf: „Die sichtbare Versammlung und die geistliche Gemeinschaft, die irdische Kirche und die mit himmlischen Gaben beschenkte Kirche sind nicht als zwei verschiedene Größen zu betrachten, sondern bilden eine einzige komplexe Wirklichkeit, die aus menschlichem und göttlichem Element zusammenwächst. Deshalb ist sie in einer nicht unbedeutenden Analogie dem Mysterium des fleischgewordenen Wortes ähnlich" (LG nr. 8,1).[1]

---

[1] Darum kann von der Kirche auch angesichts ihrer Missstände gesagt werden: Sie „ist zugleich heilig und stets der Reinigung bedürftig, sie geht immerfort den Weg der Buße und Erneuerung" (LG nr. 8,3). Obwohl die Kirche „niemals aufgehört hat, das Zeichen des Heils in der Welt zu

Manchen Kirchenkritikern geht diese Ableitung zu weit. Im Glaubensbekenntnis erwähnt zu werden, das habe auch Pontius Pilatus geschafft. Die Kirche als „heilig" zu bezeichnen, könne angesichts zahlloser Übelstände nur eine theologische Sünde sein. Sie sei bestenfalls ein „Weltunternehmen Gottes" – allerdings höchst irdischer Art. Diese Überzeugung vertreten auch Consultingagenturen, die Imagekampagnen, die Pflege des „Markenkerns" und eine Belebung des missionarisch-unternehmerischen Elans zur Überwindung der Kirchenkrise empfehlen. Den Kritikern solcher „theologischer" Unternehmensberater ist doppelt Recht zu geben: Einem derartigen Projekt fehlt theologischer Tiefgang. Tiefe gewinnen Reformvorschläge nur durch eine Besinnung auf das theologische „Mysterium" der Kirche. Aber was macht dieses (Erfolgs-…?)Geheimnis der Kirche aus?

## Partitur der Zuwendung Gottes: Das Evangelium der Kirche

Gegen überzogene wie auch gegen allzu ermäßigte Ansprüche an die Wirklichkeit der Kirche ist gleichermaßen anzugehen: Die Kirche als Sozialform des Christentums hat in der Tat eine theologische Qualität – allerdings nur dann, wenn in ihr und mit ihr die Offenbarung Gottes in Jesus Christus soziokulturell antreffbar wird. Was Jesus „in Person" war, soll die

---

sein, so weiß sie doch klar, dass unter ihren Gliedern, ob Klerikern oder Laien, im Lauf so vieler Jahrhunderte immer auch Untreue gegen den Geist Gottes sich fand. Auch in unserer Zeit weiß die Kirche, wie groß der Abstand ist zwischen der von ihr verkündeten Botschaft und der menschlichen Armseligkeit derer, denen das Evangelium anvertraut ist. Wie immer auch die Geschichte über all dies Versagen urteilen mag, wir selber dürfen dieses Versagen nicht vergessen, sondern müssen es unerbittlich bekämpfen, damit es der Verbreitung des Evangeliums nicht schade" (GS nr. 43).

Kirche „in communio" sein: Gestalt für und von Gottes Versprechen seiner unbedingten Zuwendung zum Menschen. Dieses Versprechen soll von der Kirche ebenso wachgehalten werden, wie über seine Erfüllung gewacht wird. Dafür gibt es in der Kirche entsprechende Instanzen: Papst und Bischöfe, Dogma, Kirchenrecht. Aber genügt es, eine bis in die Zeit der Apostel zurückreichende Kette von kirchenrechtlich gültigen Bischofsweihen nachzuweisen, um zu zeigen, dass ein Bischof in und mit seiner Amtsführung im Recht ist?

Wer so argumentiert, setzt theologisch um, was Paketzusteller als vertrauensbildende Maßnahme einsetzen: Man kann via Internet jede Station zwischen dem Abschicken und Zustellen einer Sendung zurückverfolgen und sich am Ende sicher sein, dass sich in der Originalverpackung tatsächlich auch sein ursprünglicher Inhalt befindet. Dies setzt voraus, dass niemand unterwegs ein Paket auspackt und sich seines Inhalts vergewissert. Sind solche Spuren erkennbar, ist der Zweifel angebracht, ob noch enthalten ist, was ursprünglich hingesteckt wurde. Allerdings endet hier die Analogie zwischen Post und Kirche. Das Evangelium von Generation zu Generation in einem verschlossenen Umschlag weiterzugeben ist der direkte Weg, es um seine Bedeutung in Geschichte und Gesellschaft zu bringen. Es muss eine „materiale Kontinuität" zwischen dem Wirken Jesu von Nazaret und der Kirche geben. An sein Wirken ist die kirchliche Verkündigung inhaltlich zurückzubinden. Ausdruck dieser Rückbindung sind kirchliche Ämter und Institutionen ebenso wie die liturgische Tradition und Bekenntnisbildung. Genauer: Sie sind Ausdruck dieser Kontinuität, nicht deren innere Voraussetzung. Ihre Bedeutung besteht im Dienst an der Rückbindung gegenwärtiger Verkündigung an den Anfang und Grund des Evangeliums.

Denn trotz aller Skepsis, ob sich die Kirche immer in rechter Weise die Sache Jesu zu eigen gemacht hat, darf als historisch gesichert gelten: Jesus von Nazaret hat im Zusammenhang mit seiner Verkündigung gemeinschaftsbildende Zeichen von Gottes Willen zur Gemeinschaft mit den Menschen gesetzt (z. B. Berufung in die Nachfolge – Aussendung des Zwölferkreises – Mahlfeier). Nach dem Tod Jesu sind diese Zeichen aufgegriffen, ausgeformt und in neue sozio-kulturelle Kontexte übersetzt worden. In diesen gemeinschaftsbildenden Zeichen(handlungen) wird eine geschichtliche und „sachliche" Kontinuität zwischen Jesus und der Kirche sichtbar. Sie weist Jesus als „Grund" der Kirche aus, wenn und insofern darin die „Sache Jesu" real präsent wird. Deren Präsenz bemisst sich nicht danach, dass das Evangelium wie ein Brief in einem versiegelten Umschlag tradiert wird. Vielmehr stellt das Evangelium die Partitur der Botschaft und Praxis Jesu dar. In einer Partitur stecken die Aufforderung und die Anleitung, die Realität und Bedeutung einer Komposition durch deren Aufführung zu realisieren. Eine Partitur macht es möglich, das Werk eines Komponisten über einen großen zeitlichen Abstand hinweg (nahezu) originalgetreu wieder aufzuführen. Allerdings darf diese Partitur nicht kuvertiert und versiegelt weitergegeben werden. Wer derart „mit Brief und Siegel" die Echtheit des Evangeliums versichern will, bringt es um seine Lebendigkeit.

Wenn die Menschennähe Gottes durch die Zeit hindurch als eine Beziehung unbedingter Zuwendung vergegenwärtigt werden soll, kann dies angemessen nur gelingen, wenn die Partitur des Evangeliums Text und Melodie kirchlichen Handelns vorgibt. Dazu braucht es den Ineinsfall von Vollzug und Gehalt, von Verlaufsform und Inhalt unbedingter Zuwendung.[2]

---

[2] Erst unter dieser Rücksicht verdient die Kirche als „Fortsetzung und Übersetzung" der in Jesus von Nazaret ereigneten Selbstvergegenwärtigung Gottes in Welt und Geschichte derart hoch angesetzt zu werden, wie es die Kirchenkonstitution des II. Vatikanischen Konzils formuliert (LG nr 8,1): „Die Kirche ist in einer nicht unbedeutenden Analogie dem

Die bloße Behauptung, Gott sei dem Menschen unüberbietbar in guten wie in schlechten Tagen zugewandt, kann nicht an die Stelle praktizierter Zuwendung treten. Die theologische Signatur der Kirche besteht somit darin, dass sie erst im Vollzug der Partitur des Evangeliums erkennbar wird – als Ort und Ereignis der Einheit von Gottes- und Nächstenliebe (Mt 25,31–46). So und nicht anders! Nichts anderes macht Wesen und Wirklichkeit der Kirche aus.

Damit ist eine theologische Aufwertung der Kirche verbunden, die nicht passen will zur einleitend formulierten Skepsis angesichts ihrer Unfähigkeit, in der Welt von heute Gott zur Sprache zu bringen. Die Kirche löst Befremden aus – und zwar dort, wo es um sie selbst geht, und nicht minder dort, wo sie die Sprache auf Gott bringt.

## Unter leerem Himmel: Glauben in der Welt von heute

Im Kontext der Moderne fremdelt man mit dem Wort „Gott". Es wird in Anführungszeichen gesetzt. Man geht zu seinem Gehalt auf Distanz. Das mag an der Moderne liegen, aber gewiss auch an dem Gebrauch, den man lange Zeit seitens der Kirche von diesem Wort gemacht hat. Die Rechnung „Kirchenkrise = Gotteskrise" geht dennoch nicht auf. Sie lässt zu viele Zwischenschritte aus. Die Krise der Kirche ist zunächst eine Vertrauens- und Glaubwürdigkeitskrise. Kann man ihr noch abnehmen, wovon sie redet? Die Glaubwürdigkeit der Kirche hängt daran, dass sie dem Entsprechungsverhältnis von Got-

---

Mysterium des fleischgewordenen Wortes ähnlich. Wie nämlich die angenommene Natur dem göttlichen Wort als lebendiges Organ des Heils, das ihm unlöslich geeint ist, dient, so dient auf eine ganz ähnliche Weise das gesellschaftliche Gefüge der Kirche dem Geist Christi, der es belebt, zum Wachstum seines Leibes (vgl. Eph 4,16)."

tes- und Nächstenliebe in Theologie und Praxis entspricht. Bloße Moralisierungen des Verhältnisses von Gott und Mensch werden ihm nicht gerecht. Sie zählen zu den vermeintlichen Selbstverständlichkeiten in der Kirche, die nach außen wie nach innen längst befremden. Hinsichtlich Sprache und Sache gilt dies etwa für die These „ohne Gott ist alles erlaubt" und für die darauf basierenden Versuche, Gott als Instanz zur Normenbegründung oder als Motivationsverstärker in der Moralpädagogik einzusetzen. Dass auch ohne Gott anständige Menschen anständig und unanständige Menschen unanständig sind, aber dass es vielfach der Berufung auf Gott zuzuschreiben war und ist, um anständige Menschen dazu zu bringen, sich andere zu gefügig zu machen, sie zu unterdrücken, zu bespitzeln, zu tyrannisieren, sollte Kirchenchristen nicht nur in Extremfällen aus der Fassung bringen.

Mit anderen prekären Selbstverständlichkeiten sind immer noch Katechese und Religionsunterricht beschäftigt. Sie haben vielfach noch keine Konsequenzen aus dem Umstand gezogen, dass viele Anknüpfungspunkte weggefallen sind, die es früher ermöglicht haben, Gott ganz „selbstverständlich" zur Sprache zu bringen. Denn man kann längst über die Entstehung der Welt und über die Bedingungen der Erkenntnis von Wahrheit reflektieren, ohne dass sich dabei der Gedanke an Gott, seine Allmacht und seine Güte nahelegt. Für all dies ist die Größe „Gott" entbehrlich geworden. Viele Zeitgenossen haben sich darauf verständigt, dass der Himmel „leer" ist. Von dort ist nichts mehr zu erwarten, was für sie belangvoll ist.

Es geht also um viel mehr als um die Glaubwürdigkeit einer Institution oder ihrer Mitglieder. Wenn eine Botschaft unglaubwürdig geworden ist, können auch moralisch integre, persönlich aufrichtige und glaubwürdige Verkünder dieser Botschaft daran nichts ändern. Hier ist die Plausibilität von Inhalten entscheidend, nicht die Wahrhaftigkeit von Personen, die solche Inhalte vertreten. Für viele Menschen steht längst fest: In Fragen der Weltdeutung und Weltgestaltung geht es ohne die „Hypothese Gott". Was für sie nicht mehr aufgeht, ist die Vereinbarkeit der Rede von einem allmächtigen und guten Gott mit einer Welt, welche angesichts eines Unmaßes an unschuldigem Leiden die Ohnmacht und Tatenlosigkeit dieses Gottes demonstriert. Er mag ein Verhältnis unbedingter Liebe zum Menschen haben. Aber wo es gegen den Zustand Welt behauptet wird, geht diese Behauptung ins Leere. Es genügt, sich mit dem Zustand der Welt zu beschäftigen, um von der Partitur des Evangeliums Abstand zu nehmen. Wer jetzt noch von Gott reden will, muss ihn mit einer Welt zusammendenken, die für ein solches Reden nicht mehr resonanzfähig ist. Was „Glaubenskrise" oder „Gotteskrise" genannt wird, stellt somit eigentlich eine Plausibilitätskrise dar: Kann man von einer Zuwendung Gottes zur Welt reden, die kein „Wenn und Aber" kennt, obwohl es in der Welt zu viel an Leid und Unheil gibt, das ebenso ohne „Wenn und Aber" keine Relativierung zulässt?

## Gott: bestritten und vermisst

Ob es für die Kirche noch einen Zugang zur Gottesbotschaft Jesu angesichts der Zeitsignatur der Gottverlassenheit gibt, setzt eine Abkehr von bekannten und vertrauten Sprachmustern voraus. Wenn sie das Wort „Gott" wieder von seinen Anführungszeichen befreien will, muss sie ansetzen bei den Bestreitungen der Weltzugewandtheit Gottes, um sie in anderer, vielleicht befremdlicher Form neu entdecken zu können. Eine solche Theologie der „Gottesbestreitung" setzt genau dort an, wo die Erfahrung der Leere, des Fehlens und Vermissens jede Behauptung der Gegenwart Gottes dementiert. Sie muss sich auf ein spirituelles Erbe besinnen, in dem genau diese Erfahrung verarbeitet wird.[3]

Die eindimensionale, in Kirchenkreisen inflationär gebrauchte Rede vom „nahen" Gott schlägt dieses Erbe aus und halbiert das Zeugnis biblischer Gebetspraxis. Die Bibel kennt viele Beispiele, wie gerade der „ferne" Gott angerufen wird. Vor allem die Psalmen sprechen von der Verzweiflung des Beters, der sich in seinem Elend von Gott verlassen und vergessen fühlt. Es sind Aufschreie des Menschen gegenüber einem Gott, der sich gerade in einer dramatischen Lebenskrise vor ihm verbirgt und schweigt. In diesem Aufschrei wird benannt, woran Maß zu nehmen ist, um das Ausmaß unschuldigen Leidens, das Skandalöse von Skandalen zu bestimmen. Wäre der Leidende nicht Geschöpf Gottes, müsste er sein Leid fatalistisch hinnehmen. Ist er aber Gottes Geschöpf, wie soll er sich mit seinem Schicksal abfinden, gerade wenn und weil es für das Unmaß des Erlittenen nach irdischen Maßstäben keine Abfindung geben kann? Der Schrei nach dem „fernen" Gott ist Ausdruck der Weigerung, sich damit abfinden zu müssen, das Leid bloß hinnehmen zu sollen.

Sich derart an einen „fernen" Gott zu wenden, stellt gewiss eine Zumutung dar. Aber sie ist existentiell redlich. Die größere Zumutung besteht darin, dass man etwas glauben soll, für das es in der eigenen Lebenswelt keine Entsprechung gibt. In dieser Gefahr stehen vielfach dogmatische Feststellungen vom „Gnadenhandeln" Gottes. Sie verdoppeln die Nöte von Menschen, die vergeblich nach Spuren Gottes in ihrem Leben suchen. Es kommt im Christentum gewiss darauf an, nichts zu verschweigen, was über die Zuwendung Gottes zum Menschen zu sagen ist. Aber ebenso darf auch nicht unterschlagen werden, dass es

---

[3] Vgl. ausführlicher hierzu H.-J. Höhn, Der fremde Gott. Glaube in postsäkularer Kultur, Würzburg 2008.

dem Menschen nicht erspart bleibt, in dieser Welt „vor Gott"
Tage bestehen zu müssen, die er „ohne Gott" bewältigen muss –
auch wenn er sie letztlich „mit Gott" überwinden mag.

Eine solche Rede von Gott, der dem Menschen in der
Ferne nah und in der Nähe fern ist, muss befremden. Aber
kaum anders ist heute noch eine glaubwürdige Rede von Gott
möglich. Auch Kirchenvertreter müssen einsehen: Man kann
nicht für den Glauben an Gott eintreten, ohne zugleich zu bedenken, was es schwer macht, von Gott und dem Glauben an
ihn zu reden. Man darf in dem verzweifelten Rufen nach Gott,
in den unerhörten Gebeten durchaus den Grund einer Abkehr
von ihm erkennen, die nicht menschlicher Schwäche anzulasten ist. Das Bestreiten Gottes und das Vermissen Gottes greifen
ineinander. Nichts wiegt dabei schwerer als die Erfahrung unschuldigen Leidens. Aber nur dort, wo im Blick auf einen unbedingten Maßstab das Unrecht der Ungerechtigkeit benannt
werden kann, ist es möglich, das Relativieren von Leid und
Unrecht zu relativieren. Das Wort „Gott" steht für die Unbedingtheit dieses Maßstabes. Das Leidvolle am Leid wird überall
dort relativiert, wo es funktionalisiert, pädagogisiert, morali-
siert oder ästhetisiert wird. Sich diesen Bestrebungen mit der
„Anrufung" Gottes zu widersetzen, kann nicht bedeuten, das
Leid spirituell zu überhöhen und dadurch auch zu relativieren.
Vielmehr gilt es, das Leiden, ohne Wenn und Aber, als nicht-
sein-sollend zu bestimmen. Für das Kategorische dieses „Nein,
ohne jedes Ja" steht der Gottesbegriff.

Es mag sein, dass das Leid der „Fels des Atheismus" (G.
Büchner) ist und dass die einzige Entschuldigung für Gottes
offenkundige Tatenlosigkeit seine Nichtexistenz ist. Wenn
Christen dennoch an der Existenz Gottes festhalten, geschieht
dies um jener Praxis willen, wozu Menschen um einer huma-
nen Welt willen verpflichtet sind. Wer für einen sinnlos Leidenden nur den Kommentar übrig hat, es sei besser für ihn,

nicht geboren zu sein, bleibt ihm die Auflehnung gegen die Sinnlosigkeit des Leidens schuldig. Wenn es überhaupt eine Rechtfertigung für den Gebrauch des Wortes „Gott" geben kann, dann als „Umstandsbestimmung" der Solidarität mit den Leidenden.[4] Allein die Solidarität mit den Leidenden in ihrem Aufbegehren gegen das Leidenmüssen hält die Gottesfrage offen. Denn sie weigert sich, auf Kosten der Leidenden das Aufbegehren gegen das Nicht-sein-sollen des Leidens zu unterlassen. Sie praktiziert im Modus der Weigerung, was sie erhofft: den Einspruch gegen ein „tödliches" Verhältnis von Leben, Leiden und Tod. Sie drängt auf eine Veränderung dieses Verhältnisses zugunsten eines Lebens, das nicht mehr den Tod vor sich hat.

Aber auch Christen müssen anerkennen: Zeitlebens geht der Widerstand gegen den Tod zugunsten des Todes aus. Was hilft es, auf einen Gott zu setzen, der sich auf den Widerstreit von Leben und Tod einlässt, wenn er es zeitlebens offenbar nicht tut? Bleibt also nur die Hoffnung, dass dieser Widerstreit zugunsten des Lebens ausgeht, wenn Gott es in der Stunde des Todes mit dem Tod aufnimmt? Eine solche Hoffnung kommt für die Lebenden und Leidenden zu spät, wenn sie nicht bereits im Leben und für das Leben Folgen hat. Wenn Christen bestreiten, dass mit dem Tod alles aus ist, müssen sie zeitlebens entsprechende Zeichen eines anderen, besseren, gerechten Endes setzen. In der Welt von heute mögen diese Hoffnungszeichen befremden. Sie hat ja inzwischen auch das Wort „Hoffnung" mit Anführungszeichen versehen. Aber ganz losgeworden ist sie es nicht. Auf diese Weise hält sie Kontakt zu dem, wovon sie auf Distanz geht. Eine solche „Fernbeziehung" ist dem christlichen Glauben nicht gänzlich fremd. Denn Glauben

---

[4] Siehe hierzu J. B. METZ, Memoria passionis. Ein provozierendes Gedächtnis in pluralistischer Gesellschaft, Freiburg/Basel/Wien 2006.

heißt: „feststehen in dem, was man erhofft" (Hebr 11,1). Wer glaubt, hat Gott nicht hinter sich. Wer Gottes Nähe vermisst, mag irgendwann darauf kommen, dass man ihn nur vor sich haben kann.[5] Auch darum kann die Welt des Glaubens wohl nur eine fremde Heimat sein …

---

[5] Vgl. weiterführend H.-J. HöHN, Gott – Offenbarung – Heilswege. Fundamentaltheologie, Würzburg 2011.